그래도 난 빛나고 싶어

그래도 난 빛나고 싶어

초판 1쇄 발행 2023년 6월 23일

지은이 박성희
펴낸이 장길수
펴낸곳 지식과감성#
출판등록 제2012-000081호

그림 박성희
교정 주경민
디자인 정윤솔
편집 서혜인
검수 한장희, 이현
마케팅 정연우

주소 서울시 금천구 벚꽃로298 대륭포스트타워6차 1212호
전화 070-4651-3730~4
팩스 070-4325-7006
이메일 ksbookup@naver.com
홈페이지 www.knsbookup.com

ISBN 979-11-392-1166-5(03810)
값 12,000원

• 이 책의 판권은 지은이에게 있습니다.
• 이 책 내용의 전부 또는 일부를 재사용하려면 반드시 지은이의 서면 동의를 받아야 합니다.
• 잘못된 책은 구입하신 곳에서 바꾸어 드립니다.

지식과감성#
홈페이지 바로가기

prologue

빛은 힘이 세다. 세상 모든 어둠을 이기니까.

아무도 모르게 내 몸에 빛을 품고 발산한다. 세상살이가 힘들 때 그 빛은 내게 에너지로, 자신감으로 무장된다.

환히 빛 든 날, 창고에서 곤히 잠자고 있던 비밀 박스를 깨웠다. 그동안 살면서 여러 번 그 박스를 생각했지만 선뜻 손이 가지 않았다. 여유도 없었고 옛일을 추억하는 게 겁났다. 박스 안에는 중2 때부터 고3 때까지 쓴 15권의 일기장이 들어 있었다.

세월의 더께로 찢기고 시커먼 먼지로 만신창이가 된 박스는 고향 집 광에서 굴러다니다 집을 장만하고 가져와 쭉 창고에 보관하고 있었다.

자물쇠로 잠기거나 꼭꼭 싸매진 일기장을 펼치니 스스로 박제된 곤충들과 꽃잎, 나뭇잎들이 쏟아져 내렸다. 내 눈물과 한숨과 고민과 방황과 외로움도 쏟아졌다.

나는 어느새 그 시절로 돌아가 시간 여행을 하고 있었다. 여러 날 일기장을 끌어안고 냄새 맡으며 내 풋풋한 젊음을 엿들었다. 뿌듯하고 행복했다. 차곡차곡 쓴 내 젊은 날이 자랑스러웠다.

   일기장에는 시와 그림, 꿈과 비밀 이야기들이 즐비하게 적혀 있었다. 읽다 보니 책을 내고 싶은 생각이 들었다. 사실 일기장 박스를 봉인할 때, 먼 훗날 일기장을 엮어 책을 내면 좋겠다고 생각했었다.

   일기는 순수하고 솔직한 마음, 진실한 서정과 서사 쓰기다. 세대 차이는 나지만 사춘기를 겪는 감정은 누구나 같기에 이 땅의 소녀 소년들, 한 번씩 사춘기를 보냈던 소녀 소년들, 지금 사춘기 소녀 소년을 키우는 이들에게 위로와 위안이 되었으면 좋겠다.

   바뀐 맞춤법과 약간의 문맥을 수정해, 원문을 그대로 옮기는 데 최선을 다했다. 이 책 『그래도 난 빛나고 싶어』 속 편지들은, 막연히 미지의 사람에게 쓴 글로 독자인 당신이 주인공이다. 그때 수신인이 없어 부치지 못한 소녀의 편지를 받아주시라.

   나의 세상살이를 응원해 준 분들께 감사드린다.

2023. 싱그러운 계절.
저자 박성희

목차

prologue   4

15살, 내 마음 나도 몰라   ✵

쳐다본 애	13
초경	15
테스와 거짓말	18
좋아하고 싶어	20
거울 속의 나	22

16살, 먼 곳에의 그리움   ✵

예쁜 욕망	27
외로움 달래려고	29
디스코	31
난 붉은 장미의 새싹	33
상상 데이트	35
사모하는 John	37
정신 차려	39
BF가 있었으면	41

왜?	43
연보랏빛 꿈	45
짝사랑하는 당신에게	47
깊은 밤에	50
아무리 힘들어도	52
눈초리들	55
내 꿈은	57
소낙비	59
나를 잊은 사람	62
멍청이들	64
찔레꽃처럼	66
난 아직 생에 대한 해답을 찾지 못했다	68
너는 어떠니?	70
잠 못 이루는 밤	72
누군가에게	74
하얀 겨울에	76
16살을 보내며	78

17살, 고뇌하며 방황하며

그가 내게 말을 걸다	83
밤을 잊은 소년에게	85
짧은 가출	88
어쩌다 마주친 그	90
딴청 피우기	92
통곡하다	94
아카시아	96
친하게 지내자	98
불장난	100
은하수에 누워	102
바쁜 집	104
내 맘속의 진실한 사람에게	106
초원에서	109
나쁜 키스	111
인생은	113
뺨따귀를 맞다	115
변해 버린 친구	117
분꽃 화장	119
깊어 가는 가을 밤	122
탄식	124
사랑	126

18살, 갈망 저 너머

신경질	131
남자 짝꿍	133
나도 몰라	135
그 애의 용기	137
그 애의 숨소리	139
꼭 안아 주세요	141
기다림에 지친 하루	142
뒷산에서	144
조언자가 나타났으면	146
앵두와 아저씨	148
다리 밑에서	150
체육 선생님	152
밤에 대한 동경	157
달 때문에	159
To. 미지의 가을 소년	161
죽음	163
L 선생님	165
무엇 때문에	166
사랑을 하자	168
누굴까	170
정말일까	171

19살, 상념의 시간

구원의 길	175
뒤척이는 밤	177
진달래 꽃밭	180
5월에 당신이 오면	182
사모했기에	186
파란 하늘에 그린 꿈	188
사랑했으므로	190
LOVE가 오다	193
환상	195
사랑의 노예	196
그래도 난 빛나고 싶어	197

epilogue
- 첫눈 오는 날 - 　　　　　　　　　　198

15살, 내 마음 나도 몰라

뜨거운 태양별 밑에
누웠다.
두 눈 꼭 감고 나풀라라 누웠다.
이세상 모든 괴로움을 던져 버리고
푸른 하늘 쳐다보며
아주 훌훌 벗어 버리고
있어 누웠다.
태양의 아름다움을 한껏
즐기고 싶었다.

읽는 것만큼 쓰는 것을 통해서도 많이 배운다.
— 액톤 경

81. 7. 5.

쳐다본 애

 어제 은애랑 찰떡같이 약속했다. 오늘 아침 9시 30분에 학교에서 그림을 그리기로. 그런데 엄마가 얼른 차비를 주지 않아 9시 버스를 놓쳤다. 난 신경질을 참을 수 없었다.
 할 수 없이 10시 버스를 탔는데, 연곡리에서 어떤 남학생이 탔다. 옷차림이 중2나 중3쯤 돼 보였다. 그 애와 얼굴이 마주쳤다. 가슴이 쿵쾅댔다.
 30초가 지나자, 그 애가 날 쳐다보았다. 1분이 지나도 자꾸자꾸 쳐다보았다. 난 책에서 읽은 글이 생각났다.
 "누가 눈길을 줘도 태도를 지켜라."
 난 잠시 예쁘게 보이기 위해 쌍꺼풀을 만들려고 고개를 숙였다. 그리고 잠깐 그 애와 마주치다가, 고개를 숙이다가 반복했다. 자꾸 보니 인상은 괜찮았다. 인물은 빼어나게 잘생기진 않았다. 마음은 양보심이 많은 것 같다.
 곤지암에 도착해 버스에서 내리니, 아까 그 애가 또 움직이지도 않고 나를 빤히 쳐다보았다. 나도 덩달아 빤히 쳐다보았다. 근데 자세히는 못 봤다.
 '순진무구하게 굴자.'
 생각한 난 이리저리 딴청하며 서 있는데, 역시나 그 애가 나를 뚫어져라 쳐다보고 있는 것이었다. 난 그 애가 계속 쳐다보는 걸 뿌리치고, 교실로 향했다.
 지금 생각하니 윙크라도 해 줄 걸.

81. 8. 12.

초경

    이른 아침, 속옷을 보니 지난 3월 찾아온 '초경'과 같은 현상이 벌어졌다.

    마음이 급했지만 서성댔다. 그것은 월경대를 미처 구하지 못해서다. 생각 끝에 농에서 부드럽고 고운 천을 찾아 사용했다.

    시간이 갈 때마다 그것은 깨끗한 천으로 갈기가 무섭게 자주자주 젖었다. 어떨 땐 속옷에 새기도 했다. 그럴 땐 기분이 무척 나빠서 속옷도 자주 갈아입었다.

    생각다 못해 생리대를 사러 가야겠다고 맘먹었으나 억지 춘향 같다. 아랫마을 약방에서 파는데 거기까지 30분을 걸어야 하고, 또 그것이 샐까 걱정되고, 그 약방엔 동창생 남자애가 있어 눈치가 보였다.

남의 눈에 띄면 "저렇게 어린 것이 무얼 한다고 그러나." 하고 욕을 할까 봐서다. 그리고 학교 앞 문방구엔 매일 남녀 학생들이 넘쳐 쳐다보는 눈들이 무섭다. 다음엔 정말 용기를 내야겠다. 난 계속해서 새 헝겊으로 갈았고, 그 젖은 것은 신문지로 꼭꼭 싸매서 변소에 버렸다.

81. 8. 15. 이불 속에서 일어나서 12일 한 생리를 염두에 두고 속옷을 보니, 어젯밤에 간 헝겊에 p가 묻어 있어서 '3일만 더하면 끝나겠지.' 하고 새 속옷으로 갈아입었다. 3일 동안 헝겊 20장 넘게 썼다. 그래서 지금은 너무 귀찮다.

저녁땐 괜히 배에 무엇이 뭉쳐 있는 듯 아리아리하게 아팠다. 동생에게 지압을 해 달라니까 말을 안 듣는다. 난 화가 불끈 났다. 이왕 화가 난 김에 아버지가 마시다 만 소주가 옆에 남아 있어 확 마셨다. 그리고 누우니 배 아픈 게 가라앉았다.

81. 8. 17. 계속되는 월경이 오늘도 끝나지 않았다. 점심때 어머니와 얘기하며 바느질 시침을 하고 있는데, 실수로 그만 내 속옷이 동생 눈에 띄었다. 동생은 갑자기 "언니, 언니 빤스에 p가 있어. 난 이제 언니하고 안 놀아!" 하며 말을 툭 잘랐다.

난 화가 덜컥 났다. 그 옆에서 시침질하시던 어머니께

서도 그 사실을 아셨다. 나 혼자만의 비밀을 내가 해결하려고 했는데, 나쁜 계집애.

81. 11. 13.

테스와 거짓말

    선화로부터 『Tess』를 간신히 빌려 읽었다. 그녀가 선물 받은 책이라며 며칠 전부터 학교에서 읽는데, 나도 읽어 보고 싶은 충동을 느꼈다. 왜냐면 책 표지가 맘에 들어서다. 남자가 테스에게 딸기를 주는데, 그 딸기를 거부하는 듯한 테스의 눈매가 무척 매력적이다. 또 야한 이야기라고 해서 궁금했다.

    알렉이라는 남자가 테스와 키스를 하고나서, 테스는 순결과 사랑과 목숨을 빼앗긴다. 처음엔 테스가 부러웠는데 점점 불행해지니까 슬프다.

    숨죽이며 『Tess』를 읽는 동안 이상야릇한 기분과 외로움이 느껴졌다. 그래서 미국 동갑 친구 Kerri에게 펜을 굴렸다. 한 가지 거짓말도 했다. 그것은 그녀로부터 편지가 올 때마다 내게 남자 친구가 있느냐고 물어서다. 그러면서 자기는 남자 친구가 아주 많다고 자랑을 한다. 계속해서 그렇게 물어보니까, 이번에는 그녀에게 실망을 주지 않으려고 거짓말로 "나도 남자 친구가 있다."라고 썼다.

  지금 생각해 보니 어리석었다. 그치?

81. 11. 28.

좋아하고 싶어

팝송을 들으며 시간이 흐르는 것도 잊은 채 독서를 했다. Love 시리즈 『솔가지 위에 쌓인 눈』. 내 나이 아직 어리지만 Love 책을 읽는다는 것은 즐거운 일이다. 아니, 아찔하고 엉큼한 것. 어쩜 그것이 아닐지도 모르지만.

요즈음 내 마음이 고른 것 같지 않다. 괜히 신경질만 솟구친다. 예의도 없이. 그저 나만 생각하고 낭만과 고독 속에서 헤맨다.

하교 후 버스를 타고 집에 오는 길에 자연의 아름다움을 봤다. 붉게 타는 저녁노을을 보며 자연의 신비에 휩싸였다. 금방 해는 그 자취를 감추더니 먹구름 위로 몇 개의 별들이 반짝였다. 집에 도착해 가방을 내팽개치고, 개울로 나가 그윽이 펼쳐지는 자연의 향연을 즐겼다. 난 검푸

르죽죽한 잿빛 하늘이 좋다.

오늘 낮에 그를 보았다. 고3 오빠다. 두 눈동자엔 언제나 인정이 서려 있고, 그 위의 쌍꺼풀은 그를 더욱더 돋보이게 했다. 귀염성 있는 그를 왠지 좋아하고 싶다.

그를 처음 만난 건 올해 중2에 올라와서다.

어느 날 그는 조회 시간에 우리 반 줄을 맞추고 있었다. 그런데 갑자기 그가 내 어깨를 툭 치며 쌩긋 웃었다. 나는 눈웃음을 지었다. 그 후 친구들과 버스를 타러 가는데 "잘 가." 하며 웃어 주었다. 나도 웃어 주었다. 그러곤 보기만 하면 항상 웃어 주었다.

그는 나를 어떻게 생각할까. 그의 얼굴 생김새를 그려 보며 유심히 생각해 본다.

그는 내가 누군지 모른다. 나 역시 그를 잘 모른다.

81. 12. 26.

거울 속의 나

초바늘이 8시로 움직이고 있을 때, 나는 옷을 벗었다.

실오라기 하나 걸치지 않고, 물 위에 서 보았다. 눈동자를 밑으로 내렸다. 떨렸다. 누가 내 육체를 훔쳐보는 것 같았다.

아름다웠다. 미적이었다.

나는 몸에 물을 뿌리고 한 군데 한 군데 닦아 내려갔다. 뽀얀 가슴을, 고이고이 순결한 몸을, 하얀 내 팔과 다리를 깨끗하게 씻었다. 특히 자랑할 만한 건 내 하체가 멋있다는 거였다. 매끄러운 선과 운동감.

얼마 후 난 깨끗한 몸으로 깨끗한 옷을 입고, 부엌에서 방으로 들어왔다.

밤 12시가 되자, 더 이상 못 참겠다. 벗고 싶었다. 하나하나 나체를 보게 되었다. 거울 앞에 서서 내 몸을 자세히

들여다보았다. 몸의 변화에 놀라지 않을 수 없었다.

  오늘 밤 처음으로 나체로 잔다는 것은 이상하게 나쁘지 않은 것 같다.

  난 여전히 거울 앞에 서서 나의 고운 각선미를 훑어보았다.

  그리고, 그대로 누웠다.

16살, 먼 곳에의 그리움

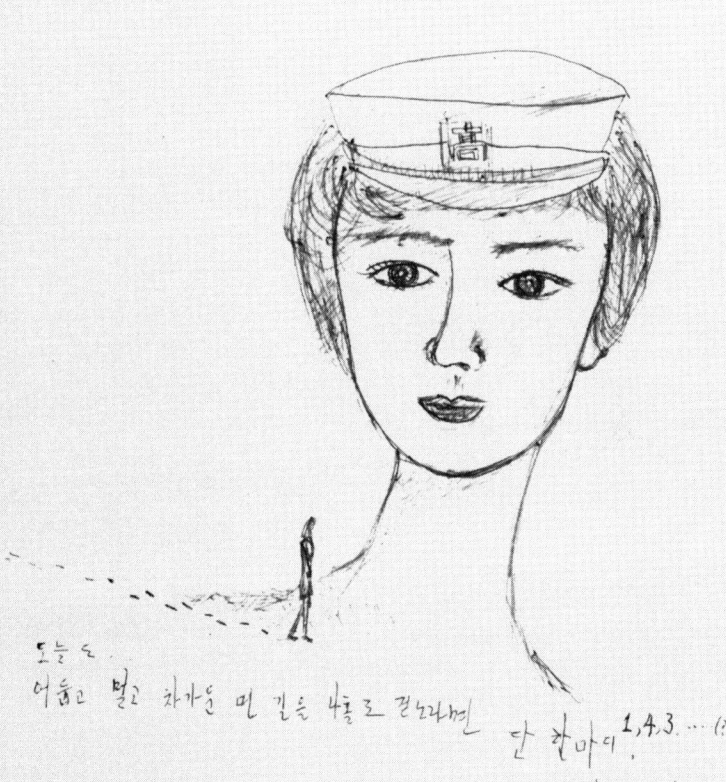

당신만이 느끼고 있지 못할 뿐,
당신은 매우 특별한 사람이다.
— 데스몬드 투투

82. 1. 7.

예쁜 욕망

  오늘은 기분이 썩 좋지 않다.

  그것은 내가 안 예뻐서다. 사람들은 왜 그걸 나무라는지 모르겠다.

  조금 전 일이다. 엄마 아버지는 항상 누가 오든지 안 오든지 매일 빠짐없이 시간 날 때마다 "성진이는 참 이쁘다. 누가 봐도 이쁘다던데. 이담에 크면 달덩이 같겠어."라고 하신다.

  어떻게 맨날 개만 예뻐할까. 듣기도 싫다. 신경질 난다. 옆에 내가 있는데도 어떻게 그런 말을 하는지. 하도 많이 들어서 지긋지긋하다. 언제는 줄줄이 아들 셋 낳고, 나를 낳아 그렇게 좋아했다더니.

  내가 아주 꼬마였을 때, 한밤중 엄마와 아버지의 말을

옛들은 기억이 난다.

"이담에 성희 시집갈 때, 선은 성진이가 보고 시집은 성희가 가면 좋겠네."

그때 내 가슴은 떨렸다. 얼굴과 육신이 뜨거워졌다. 나 역시 잘난 얼굴은 아니지만 더 예쁘고 싶은 욕망은 없는 게 아니었다. 그러나 하느님이 만들어 준 얼굴을 어쩌란 말인가.

조금 있으면 더 예뻐지겠지. 그렇다. 아직 모를 일이다. 난 나중에 예뻐지더라도 결코 잘난 척하지 않는, 개성 있는 소녀가 되리라.

82. 1. 18.

외로움 달래려고

쌩쌩 바람이 분다.

산마루에 눈꽃이 피었다. 난 오늘도 내 삶의 미래를 그려 보았다. 과연 난 앞으로 어떤 사람이 되어 살아갈까. 누구를 만나 무엇을 하며 어떻게 살아갈까.

깨끗이 청소된 맑은 하늘 아래에서 미루나무 가로수 길을 걸으며 외로움도 달랬다. 나는 이럴 때 행복을 느낀다. 어제도 그제도 그끄제도, 오늘도 내일도 모레도 그러리라.

난 16살, 2×8 청춘인가. 청순하고 감수성이 많은 나.

오늘도 저쪽 하늘에서 펼쳐지는 저녁놀의 절정을 보며 반성하는 시간을 가졌다. 나는 비록 진실한 친구는 아직 없지만, 나를 달래 줄 내 가장 친한 친구가 있다.

하늘과 땅과 산에서 태어난 자연들, 바람, 새, 나무, 돌,

풀, 꽃…. 이는 나의 가장 순수하고 깨끗한 친구다. 오늘도 자연 친구와 함께 놀았다.

다시 펜을 들어 미국과 캐나다에 있는 펜팔 친구에게 편지를 썼다. 영어를 남들보다 빨리 배우고 싶어 '메아리클럽'에서 소개받은 친구들. 밤새도록 영어 사전과 씨름했다.

82. 1. 19.

디스코

우울한 날, 막연하게 마음이 터무니없이 붕 떠 있던 나.

팝송을 듣고 있는데, 성진이가 일어서서 엉거주춤하더니 디스코를 추자는 것이다. 부끄러워 싫다고 했더니 자꾸 추자고 성화를 한다.

한참 후 난 어색한 디스코를 추었다. 누가 보면 창피해 방문을 꼭 잠그고 실컷 춤을 추었더니 땀이 삐질삐질 났다. 재미있었다.

난 지금 하고 싶은 게 한 가지 있다. 캄캄한 밤하늘 아래에서 고독에 휩싸이다 장작개비로 모닥불을 피워 놓고 팝송을 들으며, 잠잠한 세계에 빠져 감상적인 것과 낭만적인 것에 빠져 보는 것. 그러곤 남녀들이 모여 춤추고 싶다.

우리 동네엔 같이 놀 또래 여자애가 한 명도 없다. 그렇다고 남자애들이라고는 '잘난 게 있어야지'.

지금은 사춘기라 걔네들에게 말을 안 건 지도 퍽 오래됐다. 6학년 때 말 걸고 안 걸었으니 2년째 본숭만숭. 그래서 나는 고독이 벗이다.

허황된 욕망을 꿈꾸는 나, 다시 한번 한바탕 디스코 추고 싶다.

82. 1. 20.

난 붉은 장미의 새싹

  생각나는 그 사람.

  나도 몰래 괜히 좋은 사람.

  어느 날 내게 먼저 인사했던 사람. 그때 난 아무것도 모르고 미소 지었지. 고3, 그 잘난 얼굴. 마음도 다 잘생겼다. 큰 눈에 진하게 진 쌍꺼풀, 반듯하게 생긴 코, 적당히 도톰한 입술, 그것이 그의 매력 포인트.

  "야, 이리 와 봐. 나하고 사귀어 보자."

  그렇게 말하곤 갑자기 미소 대신 "학교 왔냐?"만 묻는다. 그러곤 한 번도 만나지 못했다. 그러나 난 지워 버릴 수 없어.

  그의 얼굴 볼 때마다 느껴지던 약간의 수심, 고독, 미련, 그리고 순수한 그의 눈, 거기에 나의 정이 가게 된다.

그는 지금 무얼 하고 있을까. 벌써 나를 잊었나.

 난, 난, 난, 당신 같은 사람과 애틋한 정을 나누고 싶단 말이야. 나에게 편지해 줘. 이름을 알려 줘. 나를 잊으면 난 싫어, 싫어, 싫어!

 난 지금 자기를 막 좋아하는 붉은 장미의 새싹이라고.

82. 1. 22.

상상 데이트

"자기 안녕? 왜 나한테 인사 안 해? 기분 나쁜 일 있었어?"
— 아니, 아니야 희. 나 실은 자기 너무 좋아해.
"자기. 정말이야?"
— 희, 우리가 못 보게 될 날도 머지않아서 그래. 내가 벌써 대학에 들어가겠다고 고등학교를 졸업하다니.
"말도 안 돼. 그렇게 되면 나, 자기 못 만나게 되잖아."
— 매일 편지하면 되지. 안 그래?
"아, 그렇구나. 참 내가 자기랑 약속할 거 있는데 우리 저기 벤치에 가서 이야기하자. 우선 자기, 나 외에 여자 사귀지 말라는 거야. 그거 약속할 수 있어?"
— 그래 좋아. 아무리 멋있는 여자 있어도 윙크 안 할게.
"그다음엔 대학 들어가서 열심히 공부하라는 거야. 낙

제생 되지 말고. 그리고 친구들과 나이트클럽 가지 말고, 나쁜 친구 절대 사귀지 말고, 그리고 우울할 때는 내 생각이나 음악 감상, 사색, 새로운 미래를 꿈꾸고. 내가 대학생이 될 때 자기는 4학년이거나 군대 가겠지. 그때 신나게 디스코 찔러 대고 가슴 탁 트이는 맥주로 건배하자."

— 알았어, 고마워. 이제 끝이야? 자, 그럼 우리 이 가로수 길 나뭇잎 밟으며 걸어 보자.

"히히 좋아."

— 자, 손잡아.

82. 1. 24.

사모하는 John

  당신, 내가 당신 생각하고 있는 것 모르지?
  짝사랑은 슬픈 건가. 난 내 비망록을 보면 행복해. 사춘기 철부지 소녀라 그런가. 난 아까운 10대를 허무하게 보내고 싶지 않아. 개성 있고 아름답게 보내고 싶어. 청춘을 썩히고 싶지 않아.
  멋있고 세련되게 살고 싶은 욕망이 있어. 좋아하는데 좋아하지 못하는 건 싫어. 지금 내 심정은 당신을 만나 피부를 한번 닿고 싶어. 그 입술. 난 이제 어리지 않아. 내 뜨거운 가슴을 만질 땐 난 그런 생각이 나. 왜 그러는지 몰라.
  난 지금쯤 멋진 boy와 춤을 추고 싶어. 커피를 마시고, 키스를 하고 싶어. 난 그래서 오늘도 상상 속에 달려가기 위해 펜을 들었지. 곧 그날이 오겠지. 숨소리가 들릴 테지.

난 있지, 온밤을 샐 수 있어. 고독을 즐기고, 책을 읽고, 그림을 그릴래. 아니면 내 비망록에 편지를 쓸까.

 당신 미안해, 영어 더 열심히 배워서 당신한테 하고 싶은 이야기 다 할게. 당신 꼭 만나 보고 싶어. 당신이 보내 달라는 내 사진 곧 찍어 보낼게. 머리칼을 빛나게 하고 고운 얼굴을 만들어야겠네.

82. 1. 29.

정신 차려

까만 밤하늘에 박혀 있는 금빛 별들을 보며 고독을 씹는다.

낭만이 넘치는 밤, 나는 젊다. 그이를 그려 본다. 그이가 누군지는 모른다. 그냥 그이라고 부르겠다.

그이가 누굴까? 캄캄한 별들 속에서 그이와 나는 장래의 희망과 러브 스토리에 관해 밤새도록 이야기하고 싶었다. 근데 내가 찾는 그이가 있어야지?

그냥 꿈속으로 그려 보겠다.

캄캄한 겨울 바다, 그 해변을 걷고 싶다. 바람이 쌩쌩 불어올 때 그 물결 위에서 도망치지 않고 걷고 싶다. 목에 하얀 스카프를 매고 바람에 날리고 싶다. 거센 파도 속에 그이와 함께 묻혀 버리고 싶다. 나룻배를 타고 저 건너 세상까지 이야기 나누며 겨울 바다를 낚고 싶다.

먼 하늘에 총총히 박혀 있는 금박이들. 한참 그 하늘 이곳저곳에 눈을 두었다. 검은 곳. 검은 곳. 검은 곳이 좋아지는 나. 나는 검은 하늘을 좋아한다. 그 속에서 오늘의 반성과 내일의 희망을 잃지 않는다. 소녀 시절의 꿈도 캔버스 위에 그려 본다. 몇 시간 동안 누군가와 함께 이야기를 나눈다면 얼마나 행복할까.

그이와 나 낭만파 시인이 되어, 고독을 뿌리치고 서로 정답게 이야기할 수 있다면 얼마나 좋을까.

요즘 왜 내 꿈이 파괴되려고 하는가. 너 자신을 알라. 성희야 제발 너, 너, 너! 작심삼일 안 돼. 꾸준히 노력해 봐. 힘들어도 계속해. 넌 희망이 있어. 다른 애들과 다른 넌 무엇이든 될 수 있어. 그중에서 넌 화가가 꼭 될 수 있어. 용기, 꿈 잃지 말라고.

너는 화가가 된다. 꼭. 단지 공부만 잘한다면. 그러면 넌 Kerri도 만날 수 있어. 만약 공부를 안 한다면 성희, 너는 찌꺼기란다. 그럼 너의 꿈은 파멸되고 거지 땅거지 바보야. 그러니까 노력해. 응, 응, 응?

82. 3. 26. (1)

BF가 있었으면

나는 이제 더 이상 어린아이가 아니다.

16세의 순수하고 수줍음 타는 순정한 소녀다. 사춘기의 진귀한 틴에이저다. 이때를 결코 원망하지 않도록 아름다운 순간들을 많이 만들어야겠지?

요즘은 왠지 BF(Boy Friend)를 갖고 싶은 충동이 생기고, 호기심에 사로잡힌다. 그러나 지금 내 친구는 고독이다. 고독 속에서 외로움을 달래는 내가 하염없이 불쌍해 보인다.

달 없는 캄캄한 하늘을 좋아하고, 밤바다를 좋아하고, 갠 날보다 비 오는 날을 좋아하고, 명랑한 애보다 다소곳한 애를 좋아한다. 요새 부쩍 사춘기에 눈을 떴나 보다. 괜히 고독하고 싶고, 어떤 BF라도 있었으면 좋겠다.

학교에서나 사회에서나 왜 사람들은 얼굴을 중심으로 사람의 인격을 평가할까. 어리석은 마음들. 난 결코 그렇게 살지 않을 거다.

오늘 미술부에서 회장과 부회장을 뽑았다. 나와 같이 들어간 경연이는 나보다 그림을 잘 그리는지 못 그리는지 모르지만 항상 잘난 체를 해 마음에 들지 않는다. 그래서 모두 걔는 알지만, 잘난 체하지 않는 난 모를 것이다.

까부는 사람은 까부는 사람끼리 통하는 듯, 나를 우습게 여기는 것 같다. 그러나 나는 참지 못하고 자리에서 일어났다. 정말 노골적, 나에게 큰 충격, 기분 나쁜 일이다. 어떤 사람이 말했듯 '자기의 소질과 주제를 밝히지 않는 사람이 현명한 사람'인데.

난 정말 운이 없는 애인가. 걔가 1학년 때 서울에서 전학 오지 않았더라면 미화 부장, 클럽 부회장은 내가 역임했을 것이다. 계집애, 꼴불견, 보기 싫어!

82. 3. 26. (2)

왜?

요즘 내 마음 아리고 쓰리다.

괜히 눈물이 난다. 내 마음 깊숙이 자리 잡은 사랑의 씨앗, 그 싹트려는 욕망마저 잃은 듯 괴롭다. 너무 속상하고, 외롭고, 신경 쓰인다.

왜 살아야 하는가? 어떤 목적을 위해? 공부 하지 않으면 안 되는가?

속상한 일들이 한두 가지가 아니다. 학교에서는 친한 친구는 많이 있다. 그러나 그 애들은 그 애들대로 성질이 다르고, 나는 나대로 성질이 다르다.

나는 왜 고독해야 하는가. 항상 3층 교실에서 창문을 활짝 열어젖히고, 손을 턱에 괴고 생각한다. 과연 내 존재는 무엇인가.

집에 오면 오지 않는 해외 펜팔 편지 때문에 골치. 엄마 일을 도와주러 나가면 말다툼해서 골치. 방에 들어오면 책상에 앉기 싫어 골치. 공부 열심히 해야 하는데 하기 싫어서 골치. 대체 뭐가 되려고?

그저 캄캄한 밤하늘 아래를 거닐고 싶고, 고독 씹을 생각만 하는 나. 밤바다를 유난히 좋아하는 나. 난 아직 꿈 많은 청춘이니 한껏 젊음을 방황해야 해. BF가 있다면 얼마나 좋을까.

그러나 아직 학생의 신분. 그래도 진실한 우정을 이야기해야 할 친구가 있으면 좋겠다. 별을 세며 밤새도록 종알거리는 친구. 그것은 나의 허황된 꿈.

82. 3. 26. (3)

연보랏빛 꿈

    정열적인 Love Story 책을 밤이 새는 줄 모르고 읽어 댔다.
    실제로 사랑을 느껴 본 우리들의 마음이 담긴 첫사랑의 체험 수기. 너무 짙고 정열적인 그들이 겪은 얘기들. 순수하지 못한 사랑들.
    난 거기서 남자에 대해 알게 되었다. '남자들은 모두 이중인격자'라는 것을.
    난 그런 사람을 싫어한다. 사랑에 빠졌으면 죽도록 정열 속에서 짙은 열기에 빠져야 하는 것. 그것은 누구나 바라는 게 아닐까.
    그것을 읽었을 때 내 몸이 움츠러들었다. 나도 한 번쯤 해 보고 싶고, 해 봐야 하니까. 난 아직 모른다. 어떤 애가 내게 걸릴지. 모든 사람에게 사랑을 주되, 내 애한테만은 더욱더 짙고 짙은 연보랏빛 사랑을 주리라.

언제 해 볼까. 그 사랑을. 근데 시골 애들은 너무 순수하다. 지금 내 심정은 순수한 사랑보다 정열적인 사랑을 해 보고 싶다. 내 친구 몇몇은 벌써 그것을 앓은 사람이 있다. 너무 행복해 보였다. 부럽고 신경질이 났다.

아, 나는 왜 이런 마음이 생기는가.

사춘기의 연보랏빛 꿈일까.

82. 4. 9.

짝사랑하는 당신에게

저는 하늘과 땅과 산에 존재하는 대자연을 좋아합니다.

그들을 바라보며 외로움과 슬픔을 달래고 위로를 받습니다. 마음껏 상상하고 그림과 글을 하나씩 창조해 나갑니다.

바야흐로 저녁놀이 다 사라졌습니다. 어둑해지는 하늘엔 오직 몇 개의 희미한 별들뿐. 차디찬 비밀 속의 그림자 바람만이 남았습니다. 그 하늘 아래서 저는 당신을 생각합니다.

당신의 슬픔 짙은 눈, 그 눈은 저를 쩨려보았습니다. 그래서 몇 번이고 몇 번이고 당신 생각을 지워 보기도 했습니다. 그러나 당신의 그 눈동자가 오늘밤 저를 잠 못 들게 하네요.

당신은 저를 기억하시는지요. 당신을 향한 짝사랑에 괴

로워하는 저를 보셨는지요. 아마 당신은 못 보셨을 겁니다. 그건 제 잘못이니까요. 역시 짝사랑이란 괴로운 건가 봅니다. 하지만 이제 무수한 저 별 밑에서 우리의 마음과 마음이 닿지 않더라도 허공에 당신의 얼굴을 그리고 살며시 내 입술을 대 봅니다.

당신의 마음속엔 어떤 그림자가 새겨져 있을까요. 언제든 외로우실 땐 저를 생각해 주세요. 저를 잊지 말아 주세요. 오래전 당신께서 저를 부르셨을 때, 저는 이미 사랑에 첫눈을 뜬 성숙한 소녀였습니다. 하지만 당신께선 그저 저를 어린애로만 생각하셨겠지요.

당신께서 제게 보낸 그 눈빛 속에서 전 당신의 마음을 알아차렸답니다. 그때 당신의 눈동자에 어린 그림자는 몹시 슬퍼 보였습니다. 당신의 그 입술, 내 입술과 당신의 입술이 서로 멎었을 때 당신은 제게 미소를 던져 주었지요. 그러나 지금은 한낱 과거, 지나가 버린 추억일 뿐. 짝사랑하는 당신, 언제든 제가 보고 싶을 땐 저를 불러 주세요. 그 눈빛, 그 슬픈 눈으로 말입니다.

당신께선 이미 저 같은 애는 잊어버렸을 겁니다. 그러곤 당신은 이 밤도 당신이 알고 있는 누군가 때문에 잠 못 이루겠지요. 당신의 그녀는 어떤 눈빛을 가지고 있을까요. 저는 아주 짙고 짙은 정열에 탄 눈빛을 가지고 있습니다. 그 영롱한 눈 속엔 많은 이야기도 들어 있습니다.

저는 눈빛만 봐도 당신의 마음, 그리고 모든 사람의 마음을 판단할 수 있습니다. 그런데 당신의 눈동자는 흰 사랑에 타 버린 눈빛입니다. 거기엔 슬픔도 배어 있었습니다.

당신은 제 눈을 보지 못하셨지요. 왜 제게 떠난다는 말 한마디 없이 떠나셨는지요.

저는 당신의 이름도 모른 채 당신의 행동에 따라 당신을 존경했습니다. 당신 역시 저 같은 애를 좋아한 것 같았고요. 제가 당신의 이름을 알았을 때, 당신께선 이미 제 곁에서 멀리 떠나 있었습니다. 하지만 전 어리석게도 울지 않았습니다. 붙잡지 않았습니다.

당신과 우연히 마주친 운동장, 그 운동장이 지금 새삼 그립네요. 저는 당신을 그리워하다 당신을 잊어버리는 것조차 모르고 살았습니다. 왠지 고독, 그 고독이 당신을 다시금 생각나게 하는 것 같습니다. 여전히 전 고독을 좋아하고, 캄캄한 밤하늘을 좋아합니다.

마음껏 당신의 얼굴 구석구석을 뜯어볼 수 있으니까요.

82. 4. 25.

깊은 밤에

달 밝은 밤.

사방은 고요하고 나는 침묵에 잠겨요.

저쪽 논에서 개구리 떼가 적막을 흔들고 세상천지가 순진함 넘치는 나를 바라봐요.

고요함이여! 어둠의 자식들이여! 홀로 흰 사랑에 빠진 자들이여! 이 자연과 함께함이 행복하지 않은가요. 대지를 휩싼 하늘이여, 나에게 모든 축복을 준 것들이여, 왜 오늘도 허무에 빠진 'one side love'를 생각하게 하는가요.

먹구름 핀 지금의 하늘, 당신은 내 마음 이미 다 알고 있지요. 이 어리고 앳된 순진한 소녀는 깊고 깊은 사랑을 하고 싶은 한 사람 있으니, 그 사랑을 저에게 베풀어 주소서.

이 깊은 밤 당신을 기다리다 오늘 역시 지친 몸. 당신께서 주신 고독이 이렇게 큰 사랑에 빠지게 한다는 게 오히려 행복일지도 모르겠네요. 수많은 별 아래 침묵의 그림자를 한 소녀는 마음속의 첫 연인인 당신은 무얼 하고 있을까, 생각해요.

저 밤하늘 위에서 또다시 그려 보는 그림자들. 별, 달, 그리고 아무것도 없는 밤하늘. 소녀의 가슴 속엔 사랑하고픈 마음만 가득 차 있네요. 소녀는 당신의 눈동자를 다시 그려 보며 당신에게 유혹당한 이유가 뭔지 알아봐야겠어요. 차라리 당신이 없었더라면 나는 짝사랑이란 존재 자체를 몰랐을 텐데요.

당신이 아무 말 없이 훌쩍 내 곁을 떠난 지난 2월. 지금에 와서야 사뭇 보고 싶군요. 언젠가 우리 다시 만난다 해도 당신은 저를 몰라볼 거예요. 아니, 아는 체도 안 할 거예요.

소녀는 여전히 지난날 당신의 미소가 그리워요. 별이 지고 검은 안개 속에 묻힐 땐 더더욱 생각나는 사람. 잊고 싶은 사람. 하지만 잊히지 않는 사람. 내 마음 속에서 당신의 눈동자가 여전히 나를 유혹해요.

82. 5. 19.

아무리 힘들어도

　내 나이 갓 이팔청춘. 소위 말하는 꽃다운 시기다. 하지만 학생으로서 이때를 즐기기보다는 지긋지긋한 공부에 전념해야 한다.
　행복과 불행, 승자와 패자를 가르는 것은 공부에 달려 있기 때문이다. 이 세상에 하나밖에 없는 생명을 갖고 태어나 이름이라도 남기고, 높은 지위, 남들이 다 알아주는 사람으로 살고 싶다.
　재미없는 삶이라면 죽어 버리는 게 훨씬 나으니 슬픔과 괴로움 헤치고 노력해 보자. 천한 낙오자의 신세를 발판으로 노력하자. 나는 누구보다도 골치 아프다. 매일 생각해야 할 일들이 너무 많아 신경 세포들의 괴로움을 달래야 한다. 어쩌면 그것은 죽음보다 더 괴로운 일일지도.

나는 왜 울먹이는가. 왜? 한 가지 신념은 죽음과 바꿀 수 없는데. 삶과 죽음을 부르는 소리, 그 소리가 들린다. 나는 시험공부에 많은 노력을 했다. 하지만 공부 재능이 부족해선지 더 많은 노력을 못 해선지 어려웠다. 생각하면 억울하고 분하다.

난 왜 자꾸 신념의 뿌리가 하나씩 죽어 가는가. 1년, 아니 몇 달, 너무나도 두려움과 방황의 연속이었다. 하루가 지나면 내일, 세월은 가기만 하고 내 뜻대로 되는 건 없고. 매일 고민이다.

그러나 아직 희망은 있다. 신념은 노력으로 가망 100%이기에. 눈물의 골짜기를 걷고 삶의 괴로움을 걷자. 그리고 후에 그 보상으로 구원을 받자. 삶과 죽음을 위한 숙제다. 지금은 괴로워도 후엔 기뻐하리라.

나는 어떤 존재인가. 인생의 참맛을 알고 쓴맛을 알고 있는가. 하면 된다. 죽음이 닥쳐온다 해도 정말 뭐든 '하면 되는 것'이다. 열심히 해 보겠다. 신념 없는 사람은 천한 사람이요, 재미없는 삶이다. '절망은 인간에게 있어 죽음보다도 더 무서운 현상'이라는 말이 있지 않은가.

이젠 낙오자가 될 수 없다. 난 정말 행복한 사람이지만 남들과 비교하면 패배자다. 그야말로 면상을 들지 못하고 다니는 패배자. 난 앞으로 존경받는 사람이 되겠다. 아무리 힘들어도 피나는 노력으로 참고 견디겠다.

82. 5. 20.

눈초리들

죽어 버리는 게 나을까.

요즘 삶이 왜 이렇게 재미없지. 나는 왜 공부를 해도 점수가 안 오르지? 괴롭다. 매일매일 그 시간 그 시간이 괴롭다. 선생님의 거센 손이 이쪽저쪽 몸을 뒤지며 벌주는 모습이 치사스럽다.

난 우리 학교 마음에 안 든다.

첫째, 선생님이 너무 싫다. 국어 선생님은 왜 사람을 차별할까. 아무것도 모르는 순진무구한 학생들에게 하는 말투며 편애하는 구식 스타일 말이다. 아는 걸 물었을 때 손을 들면 항상 시키는 애만 매일 시키고, 잘나지도 않은 낯을 좋아하고, 개인 생활도 아닌 단체 생활에서 어찌 있을 수 있는 일인가.

둘째, 선생님은 수업 시간만 때우면 다인가. 국어 이해가 안 간다.

나는 시험공부를 열심히 했음에도 성적이 좋지 않다. 그 많은 과목을 샅샅이 교과서, 참고서, 공책까지 자그마치 14과목을 합치면 못 봐도 13~42가지를 읽고 쓰고 외워야 한다. 그러자면 많은 시간이 필요해 밤새워 해야 하고, 병이 들어도 해야 하고, 그러면 그 머리는 어떻게 될까.

아무리 머리가 좋다 하더라도 성격이 다른 그 많은 과목의 문제들이 뇌에서 서로 얽히고설켜, 그 사이사이의 기억력 마디마디가 헝클어져, 시험 볼 땐 이걸 꺼내야 할지 저걸 꺼내야 할지 모르게 되는데.

너무 복잡해 골치 아프다. 이 세상에 시험이란 것 없이 자기가 원하는 학교에 들어가면 얼마나 좋을까. 세상살이가 이렇게 괴로울 줄이야. 인생이 가엽다. 삶과 죽음에 얽매여 살아가는 인생이. 언제 이 골 아픈 존재들이 물러날까.

언제까지 참고 견디며 괴로워해야 하는지. 아니면 바보 같은 인생을 살아야 하는지. 모두 때려치우고 독립해 해방을 맞고 싶다. 이런 세상 싫은데, 나는 어떻게 해야 할까.

셋째, 선생님들의 눈초리들이 무섭다. 과목 수업이 끝날 때마다 다음 시간엔 또 어떤 저주의 눈초리가 나타날까. 늑대? 여우?

82. 6. 2.

내 꿈은

나는 예술 고등학교 미술과에 진학하고 싶다.

그러나 난 시골 애이기 때문에 서울 사정도, 학교 사정도 아무것도 모른다. 내가 만약 예술가가 된다면 난 여인상, 한국 여인이 가지고 있는 특성, 그 교교하고 순진한 모습을 곡선으로 표현하고 싶다.

중3, 괴롭다. 내 인생이 흔들리고 뒤죽박죽이다. 과연 난 몇 년 후에 어떤 사람이 되어 있을까. 회사원, 학생, 아니면 현모양처? 아니면 예술가의 부인, 고독한 인상파 화가? 과연 어떤 인간이 되어 있을까.

어렸을 때부터 내 꿈은 예술 고등학교를 나와 미술 대학을 다니며 고독도 씹고, 이런저런 부류의 사람도 만나고, 방황과 떠돌이 생활을 하며 낭만을 즐기는 것이다. 나와 비슷한 성향의 사람을 만나 같이 그림도 그려서 전시회도 열고, 외국에 나가서 펜팔 친구도 만나 보고 싶다.

하루하루를 낭만에 젖어 이젤 위에 캔버스를 펴고 그림 그리는 꿈. 열심히 살다 보면 이루어질까.

82. 7. 15.

소낙비

"야, 뛰어!"

우린 담배밭으로 냅다 뛰었다. 밭고랑으로 들어가니 담배가 어찌나 무성한지 아무것도 보이지 않았다. 그저 담배와 그 애와 나뿐이었다.

가슴이 두근댔다. 눈을 어따 둬야 할지 모르겠다. 숨소리조차 신경이 쓰였다. 둘이서 이렇게 아무도 없는 곳에서 가까이 있기는 처음이었다.

갑자기 퍼붓는 소나기 탓이었다. 크르렁 쾅쾅, 무섭게 포효하는 천둥 탓이었다. 조금 전까지 기세등등했던 태양은 순식간 종적을 감췄다.

"뱀 나오면 네가 쫓아."

그 애와 난 한동네 살고 같은 날 태어났다. 같은 중학교

같은 반이지만, 어느 날부터 말을 안 하게 된 친구다. 등하교도 같이 하지만 서로 멀리 떨어져서 학교를 가거나 집으로 돌아오곤 했다. 그런데 이렇게 먼저 말을 붙여 왔다.

담배밭 바깥엔 아직도 소나기와 천둥 번개가 소란하다. 우리는 빽빽한 담배 숲속에서 안도하며 태양을 기다렸다. 나는 뱀을 생각하며 그 애 옆에 바짝 붙어 앉았다.

곁눈질로 그 애를 슬며시 바라보니 많이 성장해 있다. 초등학교 땐 땅따먹기, 숨바꼭질도 재미나게 했었는데, 어느새 사춘기 소년이 돼 목소리도 굵고, 코밑도 거뭇거뭇하다. 말을 할 때는 수줍은지 얼굴이 빨개진다.

"야, 저기!"

나는 나도 모르게 그 애를 꼭 끌어안았다. 스르르르륵, 저만치서 기다란 뱀이 우리를 노려보고 있다. 뱀도 소나기를 피해 담배밭으로 피신한 것 같다. 담배밭은 산자락 밑이어서 그전에도 나는 여기서 담배를 따다가 뱀들이 출몰해 길게 늘어져 있거나 똬리를 틀고 있는 모습을 보았다.

"쉿, 가만히 있어. 건드리지 않으면 도망가니까."

그 애는 겁먹은 나를 안전하게 지켜 주며 떨리는 목소리로 속삭였다. 그때 그 애 입김이 내 얼굴에 닿았다. 순간 묘한 느낌이 내 몸에서 회오리쳤다. 몸속에서 확확 치닫는 요상한 물결, 어쩔 줄 모르는 감정 상태. 조금은 불안하고, 조금은 겁나고, 조금은 슬프고, 조금은 달콤한.

기분 나쁘지 않은 떨림, 못생겨 보이지 않는 모습, 싫지 않은 비에 젖은 냄새….

어느새 밭고랑에 들이닥친 빗줄기가 사그라졌다. 소나기로 샤워를 마친 자연은 개운하겠다. 담뱃잎 위로 햇살이 환히 내리친다. 비에 젖어 누웠던 풀들이 일어난다. 비를 피했던 새와 나비, 여러 곤충들도 나와 볕을 받는다. 우리도 쪼그려 앉았던 자리에서 일어났다. 바깥은 한층 더 싱그러운 여름을 선사했다.

그 애가 담배 대 맨 꼭대기에 핀 분홍색 담배꽃을 따더니 내 머리에 꽂아 준다.

"이쁘다."

그 애가 붉어진 얼굴로 말한다.

담배밭 너머 파란 하늘엔 아무 일도 없었다는 듯 태양이 이글거렸다.

82. 9. 18.

나를 잊은 사람

   일기장 몇 권을 쓰도록 관심 있었던 그 사람.

   어쩌면 그도 예전에 나를 좋아했었는지 모른다. 그런데 오늘 길에서 딱 마주친 그의 눈초리는 나를 무시했다.

   어찌 그럴 수 있단 말인가. 그전엔 나를 걱정해 주고 위로해 주고 하얀 미소 지으며 얘기도 했는데. 오늘은 왜 그냥 지나쳤을까.

   사실 난 그를 잊었었다. 갑자기 길가에서 마주치기 전까지는. 가슴이 뜨끔했다. 난 얼른 용모를 살폈다. 그리고 고개를 들어 그를 바라보았다. 하지만 그는 그의 후배로 보이는 교련복 입은 여학생과 걸어가고 있었다.

   날 못 본 걸까. 피하려고 고개를 숙인 걸까. 한때는 그 눈빛을 못 이긴 내 일기장의 주인공이었는데. 어쩜 그럴 수가. 아니야, 날 피한 게 아닐 거야.

  나도 바보야. 먼저 인사할 걸. 하지만 거리엔 많은 중고생들이 있었기에. 바보처럼 쳐다만 봤다. 맘이 이상하다. 내가 그를 정말 좋아했나 보다. 잊을 수 없는 사람이기에 가슴이 터질 것만 같다. 미친 사람. 벌써 내 얼굴 기억조차 못하는가.

  아, 떨리는 내 가슴, 환장할 것 같다. S대학교에서 썸씽이라도 생긴 걸까.

  언제나 내게 미소 지으며 얘기해 주던 다정다감한 그. 어쩌다 만나면 눈 미소로 얘기했는데. 세월이 미워요. 벌써 저를 잊었다니요.

  오늘 상기된 그 무표정한 얼굴은 무언가. 이렇게 별 없는 밤에 무한한 고독이, 침묵이 스치는 밤이면 한결 외로움에 가슴이 쓰리다.

  영원한 내 사랑 영 오빠, 언제부턴가 오빠를 나의 '그'로 흠모하고 있었다.

82. 9. 24.

멍청이들

   내 꿈이 절망적이라 해도, 창공에 그린 수채화라 해도 나는 꿈쩍하지 않겠다.
   내게 믿을 수 있는 사람이 없더라도, 나는 세상 사람들 미워하지 않겠다. 9년간 꿈꾸어 온 게 하루아침에 꺼져 산산이 잘게 깨진다 해도, 나는 절망하지 않겠다. 환한 웃음도 희열에 찬 환호도 부질없어. 이젠 기쁨보단 슬픔이 낫겠다.
   내 꿈이 절망했을 때 나는 그에게 괴로움의 눈빛으로 묻고 싶다.
   "인생무상과 삶의 유희를 그대도 맛보았는가?"
   삶에는 꼭 기쁨 다음에 오는 슬픔의 법칙. 이젠 웃지 말아야지. 세상은 너무나도 무섭고 사람들은 삶을 조소한다. 비록 내 꿈이 창공에 흩날린다 해도, 나는 한숨 죽이며 이렇게 적겠다.

"세상 사람들 모두 멍청이라네. 슬픔 먹기 위해 태어난 바보들이라네. 아무것도 모르고 웃어 대는 멍청이라네. 세상이 어떤 곳인지도 모르고 잘만 떠들고 웃어 대는 멍청이!"

내 꿈이 절망이라 해도 세상 사람들 닮지 않으리.

82. 9. 25.

찔레꽃처럼

별이 내리는 창가에서 어둠에 묻힌 사람을 찾아 헤맨다.

나 일찍이 너를 만나 눈물 흘리는 즐거움 넌 알지 못한다. 어디서든 너를 찾아 나선 바람둥이로 방황한다. 그렇게 몹시도 쏘다녔건만 너는 한순간 빛이었고 꿈이었다.

이제 그만두자. 그런 방황하는 소녀. 깊은 산모퉁이로 다시 돌아가 소꿉놀이하며 먼 훗날을 꿈꾸자. 언제나 순수하고 천진난만한 미소로 갈대밭을 거닐자. 순박한 여인, 영원히 자연 그대로의 여인, 상큼한 풀 내음이 나는 하얀 여인이 되어 하늘을 만나자. 나 혼자만의 밤을.

그리고 맹세하자. 소담히 피어난 찔레꽃처럼 신선하고 향긋한, 깨끗한 내가 되자.

하나 둘 셋…. 서서히 별들이 눈을 감는다. 기다림과 그리움 담뿍 안고 먼 훗날에 그림을 그리자. 아주 먼 훗날 훗날에 내 향기로운 사람을 만나서.

82. 10. 22.

난 아직 생에 대한 해답을 찾지 못했다

앞으로 2달 후면 중학교 시절과 이별한다.

가을의 속삭임도 잊은 채 그렇게 계절이 서러이 지나가고 있다. 낙엽이 내 머리를 스쳤다. 낙엽이 내게 가을 이야기가 든 엽서를 보낸 것이다. 나는 눈물지었다.

인생무상이다. 사람은 무엇이냐. 삶의 목적은 누구나 다 가는 곳 무덤인가. 그래, 삶은 무덤을 위해 산다. 금방 난 커서 어른이 돼 가고, 지지고 볶고 살다가 결국 죽는다. 슬프다, 인생아.

나 진실을 이야기하고 싶다. 어떤 사람과 내 진실을 말하고, 그이의 진실한 눈빛 이야기에 귀 기울이고 싶다. 바닷가 해변을 걸으며 가을엔 대화를 하고 싶다. 해쓱한 얼굴에 슬픈 미소 짓고 눈으로 말하며, 쏘아보는 눈초리에 수심이 가득 찬 고독을 즐길 줄 아는 사람과 말이다.

　검푸른 밤 별빛이 수놓아진 하늘 아래서 삶에 대해 논하고 사랑을 속삭이고 싶다.

　노란 은행잎이 떨어졌다. 나뭇가지만 남아 바람에 흔들리는 나무들. 느티나무, 플라타너스, 밤나무, 모두 다 옷을 벗었다. 가을이 그렇게 서서히 식어 간다. 내 열정도 식어 간다. 가을을 보내고 싶지 않다.

　10월의 마지막 밤도 곧 오겠지. 눈물이 난다. 오늘 밤도 내 인생관으로 잠 못 들고 뒤척인다. 난 아직 생에 대한 해답을 찾지 못했다.

82. 10. 24.

너는 어떠니?

너 내 얘기 듣고 싶지 않니?
산골 소녀의 어떤 얘기 말이야.
이 좋은 별밤 거닐고 싶지 않니?
가로등 없는 거리를 방황하는 것 말이야.
늦가을 안개에 젖어 축축이 젖고 싶지 않니?
밤새며 상상 속의 긴 이야기 쓰는 것 말이야.
네 마음속 애인 사랑해 본 적 있니?
쓸쓸한 가을 하늘 아래서 고독에 빠진 사람 말이야.
너는 어떤 인생관, 무얼 꿈꾸며 사는지 궁금해.
이담에 어떻게 살고 싶고, 무얼 하며 지내고 싶은지 말이야.
너는 자연의 향연이 좋으니?
응, 가장 아름답고 평화로운 그림이라고 말할 수 있는

지 말이야.

  순진한 얼굴에 수심 가득 찬 얼굴로 사색에 빠진 사람 어떠니?

  나는 그런 깊은 고독, 낭만 즐길 줄 아는 사람 사랑해 보고 싶어!

82. 10. 30.

잠 못 이루는 밤

내 마음에 낙엽이 진다, 별이 진다. 마지막 갈잎의 노래가 진다.

바다가 보고 싶다. 하얀 모래사장을 거닐고 싶다. 나 홀로 어디론가 떠나고 싶다. 낙엽 구르는 소리에 눈물이 난다. 서늘한 바람이 나를 찾아오고 있다.

별이 보인다. 달이 살아난다. 너를 기다렸다. 10월의 마지막 밤을 너와 함께 하얗게 지새우겠다. 보이지 않는 마음의 오솔길을 거닐며 그 누군가와 무언의 대화를 하고 싶다.

일기장에 그림을 그린다. 밤이 깊어지자 나는 탄식하며 상상 속의 네 모습을 완성시켰다. 사랑하고 싶다. 젊음은 한순간의 예술미. 내게 주어진 시간을 헛되이 낭비하지 말자.

다시는 지나간 시간이 되돌아오지 않겠지? 그동안 난 무엇을 꿈꾸었나? 무엇을 해 왔을까? 정신없이 흘러간 청춘의 시간이었다.

세상 사람들은 왜 살까. 나 또한 왜 이 힘준한 세상 살아가고 있을까. 목적이 무엇일까. 난 알고 있다. 세상 사람들과 내가 사는 이유를. 그건 사랑이다. 하지만 삶의 목적은 더 생각해 볼 문제다.

봄에는 꿈, 여름에는 추억, 가을에는 고독, 겨울에는 글이 있다. 꽃에는 향기가, 잎사귀에는 그리움이, 갈대에겐 기다림이, 눈물에는 사연이 있다. 고요가 있는 곳엔 비밀이, 소녀에겐 아름다운 시와 그림이 있다. 달에는 그늘이, 삶에는 죽음이, 밤에는 외로움이, 낮에는 웃음이, 행복에는 불행이, 삶에는 장난 같은 연극이 있다.

진실한 사람을 만나 보고 싶다. 그럼 소녀는 봄, 여름, 가을, 겨울 속에 묻혀 비, 바람, 눈 날리는 자연의 법칙에서 먼 훗날 행복한 꿈을 꿀 수 있으리.

고독, 사랑, 낭만, 행복, 비밀, 꿈, 진실, 별밤….

82. 11. 2.

누군가에게

　오늘도 막차를 탔네요.

　분홍색과 보랏빛을 띤 황혼은 사라지고, 하나둘 별이 뜨기 시작해요. 난 으레 턱을 괴고 자연이 시간에 따라 달라지는 형태를 바라봐요. 모두 내 세상 같아요. 이 세상 주인은 눈으로 바라봐 주고, 가슴으로 느낄 줄 아는 사람 것이니까요.

　창문에 여러 사람의 모습이 비치기 시작했어요. 내 모습도 비쳤지요. 모두 삶의 현장에서 땀 흘리고 돌아오는 길이겠지요. 제 모습도 피곤해 보이네요. 몰래 쓸쓸한 미소를 지어 보아요.

　창문을 열었더니 싸늘한 초겨울 바람이 들어오네요. 별을 세어 보고 둥근 달이 나오길 기다렸어요. 밤은 누구에게나 죽음의 바다처럼 평화롭지만, 내게 있어서는 성난 파도처럼 내 심장을 들끓게 해요.

지금 나는 말할 나위 없이 번뇌하지만 그래도 좋아요. 머리가 복잡하지만 싫증 난 적은 아직 없거든요. 모든 자연의 법칙이 좋아요. 기쁨이고 슬픔이고 그 속에서 순종하며 산다는 것에 행복을 느껴요.

집으로 돌아와 촛불을 켰어요. 내 그림자가 생겼어요. 가냘픈 몸짓이에요. 이대로 이 밤을 하얗게 보내고 싶어요. 저 하늘에 별이 다 사라질 때까지. 밤과 깊은 대화를 해야겠어요.

내 방은 아늑한 보금자리예요. 하얀 천으로 덮은 2개의 책상이 있는데, 하나는 공부하는 책상이고, 다른 하나는 명상에 잠길 때 사용해요. 맞은편 벽에는 내가 그린 여인상과 여러 그림이 도배 되어 있어요.

책꽂이엔 내가 좋아하는 책들로 가득해요. 책상 서랍엔 무엇이 들어 있을까요.

82. 12. 11.

하얀 겨울에

눈 내리는 하얀 겨울에 난 떠납니다.

하얀 눈이 뿌려지는 날, 하얀 스카프를 매고 차가운 바람을 헤쳐 겨울을 만날 겁니다. 내 앞에 하얀 미래를 그리며 하얀 겨울 바다를 찾아갈 겁니다.

아무도 찾지 않는 곳, 바람이 세차게 내 머리카락을 날리는 곳, 앙상한 나무만이 내 마음을 알아주는 곳으로. 이 어지러운 속세를 버릴 겁니다. 철부지 소녀에서 내일의 소녀로 변신할 겁니다.

무작정 겨울 속으로 묻혀 버릴 겁니다. 길고 긴 방랑의 사연을 일기장에 메꿀 겁니다. 미래의 나는 더 먼 곳을 향해 더 많은 꿈을 꿀 겁니다. 지난 가을엔 낙엽 지는 얘기들로 나 홀로 감당하기란 너무도 힘든 일이었습니다.

이 땅의 소녀는 모든 사람이 진실하게 살기를 기도합니다. 나는 이 세상에 존재하는 모든 것을 알고 있습니다. 그러기에 한때는 많은 괴로움에 어느 승려를 동경했었습니다. 그가 산으로 간 이유를 알고 싶었습니다.

그에게는 이 험준하고 지저분한 세상이 배반자여서 깊은 산속을 찾았던 겁니다. 나는 이 어지러운 세상에서 참으로 온유하게 살아가겠다고 맹세했습니다. 나는 더 먼 곳을 향해 전진할 겁니다.

내가 찾는 사람은 왜 내 슬픔만큼, 내 그리움만큼 멀리에 있는 겁니까.

우리는 누구나 언젠가는 낙엽처럼 흩어져 사라질 운명의 시간이 온다는 걸 알고 있습니다. 아, 나는 그만 환한 미소를 지었습니다. 차라리 외로운 고독, 슬픔에 젖은 고독, 그 무슨 고독을 더 심을 수 없어 그저 웃고 말았습니다.

나는 이 겨울에 떠날 겁니다. 하얀 백사장이 있는 곳을 향해, 자연을 향해 그들과 더 깊이 만나 이야기 나눌 겁니다. 하얀 눈 맞으며, 하얀 길을 걸어 머나먼 하얀 나라로 떠날 겁니다.

82. 12. 22.

16살을 보내며

16세가 저물어 간다.

긴 겨울 동안 무얼 할까. 추억을 만들자. 하얀 눈 맞으며 거리를 방황하고, 하얀 밤엔 길고 긴 편지를 쓰자. 나 홀로 어디론가 떠나고픈 충동이 생긴다.

오늘 고등학교 시험 발표가 났다. 난 수학과 체력장 때문에 낭패다. 181명에서 150명 뽑는데, 난 31등이다. 조금 더 노력했으면 20등 안에 들었을 텐데. 아, 바보도 아니고, 그까짓 거 고등학교 가서 더 잘하자.

서울에서 크리스마스카드가 날아왔다. 오렌지색 켄트지에 직접 펜으로 그림을 그려 꾸몄는데 특이한 냄새가 났다. 가슴이 두근거렸다. 괜히 좋아하고 싶은 호기심이 생긴다. 얼마 전 가요 책자 펜팔난에서 내가 찍은 서울에 사는 M고등학교 2학년 남학생이다. 이름은 J이고 키는 174cm다. 전국에서 엄청 많은 편지를 받았는데, 내 이름이 예뻐서 답장을 보냈단다.

창밖엔 달이 훤하다. 내 마음에 유혹이 온다. 인생에 회의가 든다. 나 이렇게 괴로워야 하는 까닭 대체 무슨 연유인가. 별이 쏟아지는 창가에 앉아 소녀는 오늘도 길고 긴 사연을 조용히 적어만 간다.

눈을 감아 본다. 그 옛날 추억을 생각하다 그곳으로 들어간다. 내가 찾고 있는 사람을 만나 보고 싶다. 얼굴에 눈물이 고인다. 82년은 너무도 괴로웠고, 가혹했고, 슬펐다. 창문을 확 열어젖히고 먼 하늘을 바라본다.

나에게 진실한 이가 생긴다면 말하리라. 당신의 고독에 내 가슴속 이야기를 읽게 하리라. 그리고 이 세상 모든 것을 논하고 순수한 모습으로 조용히 살리라. 착하고 성실하게 하루하루를 반성해 가며 자연을 사랑하며 살리라.

17살, 고뇌하며 방황하며

사랑받고 싶다면 사랑하라. 그리고 사랑스럽게 행동하라.
― 벤자민 프랭클린

83. 1. 9.

그가 내게 말을 걸다

앙상한 나뭇가지만이 내 마음을 알까.

너무도 괴롭다. 이 슬프고 고독한 나의 영문 모를 질문에 뺨을 적시는 이유는 뭔가.

오늘 그를 만났다. 훤칠한 모습에 추워 보이는 얼굴을 보게 되었다. 버스 터미널 대합실에서 그가 먼저 나를 알아보았다. 난 그가 날 잊었다고 믿었는데….

나는 그만 슬픈 모습으로 그를 쳐다보았다. 그리고 나는 눈으로 말했다. 내 눈이 한시도 쉬지 않고 그를 바라보며 요청했다. 나를 잡아 달라고. 붙잡고 싶었다.

그가 내 사생활에 대해 물었다. 그래서 나는 "삶이 너무도 허무하다."라고 했다. 그랬더니 그가 "인생은 무상한 거다."라고 대답해 주었다.

나는 알았다. 먼 옛날에 그를 알았다. 결코 내게 돌아올 수 없는 사람이라고. 나는 믿고 알고 있었다. 그건 사실이었다. 내가, 내가 그렇게 슬픈 모습으로 그를 붙잡았지만 그는, 그는 다만 한 몸짓에 지나지 않았다.

그는 바보였다. 내 눈이 말하고 있는 걸 모르고 있었다. 아니면 필시 피했는지도 모른다. 순식간 그가 한마디 말도 없이 대합실 밖으로 나갔다. 뒤도 돌아보지 않고 말이다.

난 긴 한숨을 토했다. 내 것이 될 수 없는 사람을 그리워했다는 것에….

그 옛날에 그를 알았는데도 못 잊고 있었다니, 바보, 천치 같은 짓이었다.

83. 2. 1.

밤을 잊은 소년에게

　소년, 이렇게 밤이 오는 까닭은 대체 무슨 연유입니까.
　밤마다 허공에 뜬 내 마음 수많은 고민에 얽매입니다. 기어코 잡지 못할 욕망에 눈물 흘립니다. 한낱 여로에 불과한 인생길에서 못다 한 정한에 그림자만 남겨 놓고, 다시 무한의 경로에서 유한을 채우려다 그만 무한으로 쫓겨나는 인간이기에 고뇌가 지속되는지도 모릅니다.
　뇌리에 스며드는 상념을 빨간 촛불에 태우려니 고통의 밤이 따르고, 방탕한 내 가슴 전율하게 합니다. 까만 적막 그 위로 하얀 마음 하나하나 곱게 수놓은 영상은 독백이 아닙니다. 그것은 다만 어제와 오늘, 아니 어쩌면 내일로 잊히는 망상에 기뻐하는 웃음 또한 아닙니다. 정처 없는 구름의 방랑이 되어야만 했던 이유 또한 아닙니다. 바라지 못할, 소유하지 못할 멀고도 먼, 기억될 수 없는 지금의 외로움은 더욱 아닙니다. 그렇게 생각하세요. 소년, 소녀 잊히고 마는 인생의 잡지 못할 슬픔 때문이라고 해 주세요.

소년은 내게 믿음이 있기에 평화가 있다고 말 하셨죠. 어쩌면 소녀, 필시 소년에 대한 믿음이 있기에 소년을 만났을 겁니다. 밤이면 밤마다 수심에 잠긴 얼굴로 하늘을 보았습니다. 하늘을 향해 버린 한숨 소리는 돌아오지 않는, 소리 없는 흩날림이었습니다. 그렇지만 믿음이 있기에 밤이 오면 변함없는 나의 기도는 언제나 똑같은 목마름이었지요.

이른 새벽부터 어둠을 뚫고 달리는 버스 안 창가에서 나는 보았어요. 안개에 갇힌 뽀얀 자연을. 겨울이기에 하얀 서리가 가득한 겨울은 더 삭막해 보였지요. 이제 낙엽 구르는 소리가 더 멀어져만 갑니다.

소녀는 창문을 열고 아침의 영롱한 이슬에 입맞춤하듯, 신선한 자연의 향취에 젖어 보았어요. 숨 막히는 흙냄새, 그 위로 곧게 뻗은 앙상한 나뭇가지들, 환희에 찬 태양이 무한히 빛나요. 오늘은 왠지 눈이 시리도록 하얀 칼라를 내놓고 싶어 오랜만에 교복을 꺼내 입었네요.

아무도 없는 텅 빈 운동장, 줄줄이 길게 뻗은 늙은 나무들 사이로 발을 옮겼어요. 벤치에 앉아 내 일기장에 글을 가득 써 내려갔지요. 버릇대로 가로수도 걸었고요. 길고 긴 나만의 가로수를 걸으면서, 후회하지 않는 생을 살기 위해 많은 생각에 잠겼지요. 이제 소녀는 모든 것을 다 외면하고 싶었어요. 모든 것이 다 구차한 일이라고 생각했고요. 하지만 소년, 이 소녀 고독과 외로움 안은 모습, 모든 것을 사랑하는 마음, 슬픈 침묵은 배반하지 않으렵니다.

83. 2. 25.

짧은 가출

 속세를 벗어나고 싶어 무조건 양평행 버스를 탔다.
 낯선 세계가 보고 싶었다. 어지러운 세상살이를 망각하고 싶었다. 인생관도 다시 짜고 싶었다. 나의 불완전한 생활을 청산하고 싶었다.
 버스가 산속 구불구불한 길을 달리니 '아, 위엄에 찬 산맥 산맥들이 장관이구나!' 하는 생각이 들었다. 참으로 예술이다. 나는 저절로 신선이 되었다. 이런 산속에서 조용히 살고 싶다.
 양평에서 내렸다. 아무도, 아무것도 모르는 곳이다. 사람들이 여기저기서 웅성웅성, 나는 우왕좌왕, 방랑자가 되었다.
 '여기도 별별 사람들이 다 있었구나, 그렇구나. 사람은

다 똑같은 거구나….'

　터미널 근처에서 괜히 몇 바퀴 왔다 갔다 하다가, 다시 집으로 오는 버스를 탔는데 저녁놀이 연보라색으로 물들었다. 그리고 그 위로 뽀얀 저녁연기가 피어오르고 있었다. 조용한 나의 밤이 오고 있었다.

　적막의 밤이 깊어 가자, 수신인 없는 편지를 쓰고 또 쓰다가 찢어 버렸다. 어느 누가 내 애원의 편지를 읽어 주랴. 내 마음 털어놓을 사람 없이 늘 혼자만의 하루를 지킨다는 게 얼마나 처량한가.

　거리에 나서면 사람들은 무슨 일이 그렇게도 재미있을까. 환희에 찬 눈길로 웃어만 대는 그 모습들. 아무리 친구들이랑 놀아도 내 맘은 늘 허전하다.

　나는 앞으로 어떻게 살아야 할까. 미래에 어떤 모습을 하고 있을지에 잠이 오지 않는다.

83. 4. 2.

어쩌다 마주친 그

소녀는 변명 아닌 모습으로 그를 바라보았다.

그의 눈은 늘 말하고 있었다. 오늘따라 그의 눈이 가엾게 느껴져 내 가슴이 뜨끔했다. 나는 되도록 그를 피하려고 했건만 어쩌다 마주치게 돼, 그만 얼굴이 빨갛게 달아올랐다.

가슴이 뛰었다. 슬픔 먹은 그의 눈에 또 반해 버렸다. '자연 보호'를 하려고 친구 영희와 화장실을 갔다 오는데, 그가 강당 창가에서 무엇을 살피고 있었다. 나는 버릇처럼 팔짱을 끼고 나오다 그와 마주쳤다. 2학년이나 3학년 선배 같다.

웬일인가. 그가 눈에 힘을 주고 나를 향해 오는 게 아닌가. 난 나도 모르게 고개를 숙이고 말았다. 그는 나를 늘

감시하는 듯 쳐다봤다. 지난번 일이 있은 후 내게 좋은 느낌의 눈을 주는 것이다.

지난번에도 화장실을 가려고 앞문을 열었는데 그만 뒷문이 열려 우리는 갑자기 부딪치고 말았다. 늘씬한 그의 키는 나를 넉넉히 닿게 했다. 무섭다는 생각이 들었다.

다시 영희와 복도를 걷고 있는데 그가 그의 친구와 함께 그 무서운 두 눈으로 나를 꿰뚫어 보는 게 아닌가. 나는 고개를 숙였다. 토요일 3교시 체육 시간에도 그는 나의 행동을 살피고 있었다. 계속 나를 부끄럽게 만들었다.

나는 싫지 않다는 모습으로 그를 대했다. 그러곤 눈으로 말했다.

'좋아하고 싶다.'

그는 무언가 눈 이야기만을 할 뿐, 아무 말도 하지 않았다. 내가 싫어할까 봐 그러나. 그가 내게 말을 건네 오지 않더라도 우리는 제각기 무섭도록 외로움을 가지고 쏘아볼 것이다. 나도 그도 외로우니까.

내 마음 이렇게 다소곳하려고 노력하는데 이런 변화는 어디서 나오는 건가. 나는 그의 눈을 피하고 싶지 않다. 그를 살피고 싶다. 'Love'를 느끼고 싶다.

83. 4. 12.

딴청 피우기

    수업 시간, 따가운 선생님의 눈을 피해 딴생각하느라 바빴다.
    어느 여름날이다. 파도 소리 찰싹거리는 바다에 들어갔다 나왔다 한다. 나의 연인과 손을 마주 잡고 해변가를 걷다가 뛰다가 깔깔거리고 웃다 자빠진다. 시원한 바닷바람을 맞으며 우리는 낭만을 즐긴다. 달콤하고 향기롭다.
    어느새 밤이 오고 우리는 바닷가 모래사장에 눕는다. 검푸른 밤하늘에선 수많은 별강이 흐르다 못해 우리의 머리 위로 쏟아진다. 우리는 두 눈을 마주 보며 미래에 대한 이야기를 나눈다. 부드럽고 다정다감한 언어로.
    시간이 더 흐르자, 우린 다시 별들이 깔린 밤 해변을 침묵하며 거닌다. 그러다 우리는 졸린 눈을 하고 감사와 행복을 느끼며, 작은 텐트 안에서 한여름 밤의 평화와 안식을 즐긴다.

  다음 날 일찍 바다 저편에서 태양이 눈부시게 떠오르면, 우리는 다시 바다로 달려가 물싸움을 하다 그대로 철퍼덕 바다에 자빠진다. 그러곤 이젤을 세우고 여름날 바다를 스케치한다. 통통 튀는 바다와 젊음은 신난다.

83. 4. 17.

통곡하다

4교시 생물 시간에 갑자기 내 처지를 생각했다.

나는 왜 이렇게 절망하는가. 한 가닥 희망도 없는가. 나는 왜 바보 같은가.

내 자신에게 여러 가지 의혹을 품자, 내 자신이 가여웠다.

눈물이 나왔다. 조금씩 눈물의 무게가 느껴졌다. 그러다 왈칵 쏟아져 흘렀다. 내 볼을 적시고, 내 노트를 적시고, 내 치마를 적셨다.

선생님과 친구들 시선이 따갑게 느껴졌다. 아니, 애처롭게 다가왔다. 갑자기 내 목구멍에서 통곡 소리가 뻗쳤다. 앙칼지게 소리치며 울었다. 그렇게 한 움큼 눈물을 퍼붓고 밖으로 뛰쳐나왔다.

밖에는 봄비가 억척같이 내리치고 있었다. 그냥 비를

맞았다. 순식간에 내 교복은 비에 젖어 축축했다. 친구들이 우산을 들고 쫓아왔다. 나는 그럴수록 운동장 옆으로 흐르는 냇가를 따라 저 멀리 냅다 도망쳤다.

    내 불확실한 미래를 생각하니 복잡한 심정이었다. 통곡을 하고 나니 잠시나마 짐을 내던지듯 시원했다. 온몸이 비에 푹 젖어 비와 눈물과 범벅이 되었다.

    누군가에게 내 답답한 가슴을 이야기 하고 싶었다.

83. 5. 19.

아카시아

아카시아 향기가 코끝에 스치면 그 사람 생각나.
하얀 아카시아 숲 아래서 달콤한 속삭임 전했지.
"꿀 줄까?"
어쩌면 그 사람, 나 좋아했을지도.
나 지금 천지서 불어오는 아카시아 꽃향기에 취했네.
5월이면 그 사람 벌통 싣고 와, 동네 아카시아나무 아래서 꿀 따곤 했지.
내가 하교 후 집으로 가다 마주치면,
"꿀 먹어."
끈끈한 꿀 한 대접 떠 주고 아카시아처럼 하얗게 웃던 사람.
달빛마저 싱그러운 오늘밤.

어느 하늘 아래서 그윽한 아카시아 꽃향기 맡으며 나 기억하려나.

아카시아, 아카시아.

나, 살며시 눈 감고 그때로 돌아가네.

83. 5. 27.

친하게 지내자

나는 외롭다. 나는 외롭다. 나는 외롭다.

나하고 친하게 지내자. 너와 나 마음과 마음끼리 친하게 지내자. 나는 지금 방황하고 있어. 내 진지한 삶의 방향 때문에 말이야.

나를 꼭 잡아 줘. 내 얘기 들어 줘. 나는 아무런 친구도 없어. 모두 자기네 이익을 위해서만 사람을 사귀는 것 같아. 모두 진실이 아닌 듯해.

'무소유'란 단어 책에서 읽었지. 아무것도 가지고 있지 않다. 바란다는 것은 갖고 싶다는 것이고, 바라지 않는다는 것은 가지고 있다는 뜻.

그래, 난 아무것도 바라지 않아. 그러면 그것은 이 세상 모두는 내 것이 되겠지. 하지만 지금 나는 진실한 사람의 마음이 필요해.

　사람들이 너무 싫어. 자기 이익만 챙기고, 진실이란 단어를 모르거든. 진실은 영원한 건데. 거짓 없고, 속되지 않고, 변함이 없는 건데. 그런 좋은 사람, 왜 내겐 없을까.

　누군가 진실한 사람 말이야. 나랑 친하게 지내자, 진실한 사람아.

83. 6. 14.

불장난

세상에 너무했다.

몸이 부들부들 떨린다. 어떻게 그럴 수가. 부끄러워 말을 할 수가 없다.

임신을 했단다. 중2 때 교회서 만난 오빠랑 사귀다 기어코, 임신까지 했단다. 저 너머 동네 친구 순미가. 배 속 애가 6개월 됐단다. 겨우 17살이. 이 무슨 날벼락인가.

노상 둘이 그렇게 좋아서 붙어 다니더니만. 생각해 보니 살살거리고 웃던 모습이 언젠가부터 우울한 모습이었다.

너무 무섭겠다. 불쌍해. 얼마나 힘들까. 고통스럽겠지. 몸 잘 지키지. 매일같이 어둠 속에서 울고 있을 친구를 생각하니 슬프다.

이제 걔는 어떻게 살까.

눈물이 난다. 내 마음이 찢어진다. 배 속 아기는 지울 수도, 낳을 수도 없는데 어떡해….

83. 6. 16.

은하수에 누워

은하수가 흐르는 밤.

몰래 개울로 가 선녀처럼 옷을 벗었다.

이 개울물은 저 하늘에서 내려오는 은하수. 나는 은하수에 몸을 담갔다.

밤하늘엔 수많은 별이 깜박였지만, 비교적 깜깜해 누가 목간을 하는지 알 수 없었다. 내 몸은 밤에 묻혔고, 내 숨소리는 은하수 흐르는 소리에 묻혔다.

시원했다. 내가 물속에서 파닥거릴 때 돌멩이들은 물고기처럼 굴렀다, 물 가장자리 풀숲에서 뱀이라도 나오면 어쩌나 걱정했지만 상쾌했다. 어디론가 마구 흘러가는 은하수 소리는 경쾌했다.

한낮에 흘린 땀으로 끈적한 몸에 비누칠을 더하니 향긋

하고 매끈하다. 몸에서 자그만 충동질이 일어나 압박감을 일으킨다. 거울에서 빛나 흐르는 뽀얀 살은 정말 어느 소설책의 여주인공 같았다. 그것은 처녀가 되기 위한 기초였다.

이제 내 몸은 가볍다. 저 밤하늘을 향해 날아가 버릴까.

신선하고 아름다운 밤. 주위는 점점 어둠으로 승화되었다. 다만 밤하늘의 손톱달과 별들의 반짝임만 있을 뿐. 붉어진 마음으로 하늘을 향한다.

어느 결에 밤하늘이 다정한 임이 되었다. 이대로 은하수에 누워 잠들고 싶어라.

83. 7. 16.

바쁜 집

흰 고무신을 신고 신작로를 걸었다.

한 손은 새참이 든 보자기를 들고, 한 손은 길가 풀잎들을 만지며 하늘을 보고 걸었다. 오늘은 사람을 불러서 담뱃잎 따는 일을 한다. 담배 대가 어찌나 큰지 내 키만 하다.

논둑 샘물에서 설거지를 하고 다시 하늘을 보니, 몽실몽실한 구름이 얼마나 예쁜지. 집으로 와 개울에 가서 빨래를 하고 또 하늘을 보니, 주황색 노을이 쫙.

저녁에는 싱싱한 오이를 채 썰고, 마늘, 파, 후추, 미원, 소금, 간장, 깨소금, 참기름을 넣어 오이냉국을 만들고, 국수를 삶아 섞으니 맛있다. 앞으로도 가족을 위해 별식을 많이 해야겠다.

우리는 메추리까지 키우는데 너무 속이 상했다. 게으른

오빠 때문에 전기세가 18만 원이나 나왔다.

우리 집은 너무 복잡하다. 하지만 가풍도 있고, 예의도 있고, 사랑도 있다. 옛날 집이지만 소박하고 정겹다. 우물 2개, 방 4개, 창고 2개, 마당 2개가 있는데, 그 안엔 큰 대추나무 3그루가 있어 가을이면 대추가 대롱대롱 많이도 열린다.

밭농사로는 담배, 장다리, 호박, 고추, 감자, 고구마, 깨, 콩… 안 하는 게 없다. 느타리버섯에, 종묘, 과수원, 메추리까지 키우고. 논농사 또한 엄청 많다. 놀고 있는 남의 땅까지 빌려 농사를 짓기 때문이다. 예전엔 누에도 많이 키웠다. 그래서 엄마 아버진 늘 새벽 4시 반부터 밤까지 뛰어다닌다. 자식들 뒷바라지한다지만 자식들 얼굴 보며 편히 이야기 나눌 시간조차 없다.

우리 아버진 뭐든지 1등이어야 한다. 기분도, 힘도, 말도, 일도, 지식도. 거기서 성취감을 느끼는 것 같다. 초등학교 4학년 중퇴지만, 이 세상 한문은 모르는 게 없다. 그래서 교수, 박사, 군수 같은 지식인들과 잘 통한다. 천자문, 채근담, 명심보감, 사서삼경을 줄줄 외워 시의 적절하게 글을 토해 내 자기 말 대신 선인들의 가르침으로 일깨운다.

83. 7. 21.

내 맘속의 진실한 사람에게

그대 오늘도 잠잠하군요.

이리 와 나와 함께 놀아요. 나는 지금 달빛 밝은 서늘한 저녁 밤이슬을 헤치고, 별을 세며 밤 향기를 마셔요. 아, 얼마나 그대를 기다려왔을까요.

그대는 누구? 그대께 저를 잊어 달라고 애원했지만, 그것은 하루에 단 한 번만이라도 간절히 저를 잊지 말아 달라는 것과 같습니다.

그대는 이 깊은 심혼을 아시나요. 짙푸른 밤하늘의 아름다움을. 만발한 꽃향기를. 그리고 영원히 가꿔질 그대를 위한 내 진실한 사랑을. 그대가 있기에 아름다움이 샘솟는 거라는 걸.

달빛이 넓은 처마 밑으로 달려와 어느새 쓸쓸히 풀어

헤친 소녀의 머리칼과 흰 이마를 뒤덮고 있습니다. 그대는 아십니까. 우리가 처음 만나 심곡을 처음 느낄 무렵 내가 얼마나 그대를 꿈꾸었는지를. 그것은 예전의 등잔불이 있는 초가집의 호젓한 분위기였다는 걸.

  방황하는 소녀에게 이 밤은 환상입니다. 그대, 내 열병을 앓는 눈동자에 부드럽고 따스한 눈으로 다가와요. 그리고 내 흰 귓전에 당신의 비밀을 속삭여 줘요.

  아, 내가 그대를 슬프게 했나요. 그렇다면 용서하십시오. 나는 단지, 그대가 그 아득한 봄날 저녁에 내가 적어 보낸 시와 봄에 쓴 글을 기억하고 있는지, 어떤지 물어보고 싶었을 뿐이에요. 그저 그대에게 그날의 짧은 과거를 상기시키고 싶었을 뿐이며 묻고 싶었을 뿐입니다. 그리고 내 눈으로부터 그대가 고개를 끄덕이는 걸 보고 싶었으며 그 슬프면서도 우울한 동작, 내 어린 가슴을 황홀하게 했던 그대를 다시 기억하고 싶었던 거였습니다.

  그대는 내 목소리에 그냥 웃기만 하면 됩니다. 내 진실을 마음속에 담아 주기만 하면 됩니다. 별들이 뭔가 다정한 속삭임을 하는 것이 들리지 않습니까. 아, 그대 제 이름 단 한 번만이라도 불러 줄 수 없나요.

  그대, 미안해요. 이토록 고뇌하며 그대에게 쓴 글이 방해가 되었다면. 하지만 그대가 너무도 그리웠습니다. 그대 때문에 몇 달 동안 나는 얼마나 심뇌를 했는지 모릅니다. 그토록 애타는 그리움이 남아 맴돌았는지 모릅니다. 그대 마음속 깊숙이 자리 잡고 싶습니다.

그리운 그대, 나를 용서하세요.

그대 마음을 혼란케 했다면. 하지만 너무도 괴로웠기에 하늘을 향해 그 이름 불러 보고, 꽃뱀의 무리도 지나치며 달음질쳐 헤매다 그대를 쓸쓸히 그립니다. 손아귀엔 여러 가지 색색의 꽃을 쥐고 그대를 기다렸지요. 오래도록 기다렸지요.

그대, 내 슬픈 미소를, 암청색 닮은 내 눈 이슬을 아껴 주지 않겠습니까. 소녀는 그대를 향한 진실한 마음 오래오래 변치 않을 겁니다. 아, 그대 이런 소녀의 진실을 배반하지 말아요. 단 한 번이라도 내 이름을 불러 주세요. 너무도 그리워요. 이 독백을 용서하세요.

83. 8. 17.

초원에서

  아침 햇살이 마루에 하얗게 와 앉았다.

  사방은 온통 초록색. 향긋한 풀냄새. 맑은 아침이슬. 모든 게 마냥 싱그럽다.

  요란한 새소리에 소녀는 잠에서 깨 하늘을 본다. 키 큰 미루나무도 본다. 새들이 어디선가 날아들어 신선한 공기와 얽혀 아름다운 그림을 만든다.

  그러나 소녀의 몸짓엔 그윽한 슬픔 같은 게 배었다.

  소녀는 탄식하듯 한숨을 푸른 하늘에 내뱉었다. 그랬더니 푸른 하늘은 소녀를 향해 청아한 냄새를 소녀의 입에 불어 넣는다.

  그 누군가의 숨결처럼 부드럽고 편안했다. 푸른 하늘 저 공간엔 평화가 있었다. 소녀는 하늘을 향해 날뛰려고 작은 몸뚱이를 내던져 보았다. 그러나 하늘에 닿지 못했다. 하늘은 그저 하얀 미소만 날려 줄 뿐.

햇살이 작열하는 오후가 되자, 개울로 가 세수를 했다. 옆에서 소 풀 뜯는 소리를 들으며 헤세의 『청춘은 아름다워라』를 읽었다. 그리고 돌멩이 위에 앉아 개울물에 발을 담갔다. 무릎까지 닿은 개울 물결 위에 하얀 햇살이 비쳤다.

발밑으로 미꾸라지들이 지나다녔다. 찰찰찰 흐르는 개울물 소리가 자장가 같다. 그대로 돌멩이 밭에 누웠다. 잠이 온다.

83. 8. 24.

나쁜 키스

아무리 생각해도 그건 어른 잘못이었다.

어쩌면 그럴 수가. 늙은 사람이 앳된 소녀를…. 남자들은 호기심이 짙은가. 나쁜 짓이야. 유혹자들이야.

친구 말을 듣고 난 눈망울이 아파 왔다. 친구가 우울한 이유가 그 때문이었다. 많이 슬퍼 보였다. 가슴에 얼마나 큰 멍이 들었을까.

남자가 조금이라도 근처에서 살갗을 가까이 하는 건 무서운 짓이야. 우리들은 순진하고 수줍음 타는 조신한 소녀인데, 어린 나의 친구를 유혹하려 들다니. 이해할 수 없어. 그녀는 꿈을 꾸고 있는 거야.

난 그런 바보 같은 짓은, 엄청난 일은 못 하겠어. 언젠가는 가벼운 입맞춤을 해야겠지만 무서워. 난 못 해. 만약에 그 누가 날 불러도, 가까이 눈도 안 볼 거야. 난 그녀처럼 그러지 않을래. 영원토록.

오로지 착하고 수줍은 몸짓, 아무것도 모르는 눈짓을 할 거야. 영원토록 소중한 몸 지키는 소녀로서 인생을 살아 나가겠어. 이렇게 세파의 낌새에 물들고, 남자와 함께 같이 있는 그런 짓은 안 해.

난 슬퍼. 홀로 살고파. 근데, 그 누가 진실한 이가 내게 다가온다면 안 그럴지도 몰라.

83. 8. 25.

인생은

아침엔 침묵, 오후엔 웃음, 저녁엔 우울.

나는 속되게 커 간다. 울고 웃고 흥분하며 노래 부른다. 우주는 주검이고, 잠을 청한다는 건 젊음을 잃어버리는 것. 정말 잠 좀 오지 않았으면 좋겠다.

마침내 나는 인생이라는 것은 고뇌와 함께 존재한다는 결론을 얻어 냈다.

"사랑하지 않고 미워하지도 않는다."라는 인간학의 전반부와 "아무 말도 하지 않고 아무것도 믿지 않는다."라는 인간학의 후반부를 인생론에 적은 쇼펜하우어의 말이 머리에 남는다.

"인간 존재는 고뇌가 그 직접적인 목적이다."라는 것 역시. 그래, 별수 없이 인생은 짧고 명예는 훼손되고, 돌이 되고 모래가 되어, 잘게 부서지는 흙이 되는 거야. 흙. 인간이 욕망하고 갈구하는 것은 많으나, 뜻대로 반항적인 결과가 나타나는 것을. 이런 생각을 할 때마다 머리가 무거워 고통스러운 열기가 쏟아진다. 그러나 웃음이 조금만 찾아오면 금방 잊는다. 애들과 의논하며 어린애처럼 손짓하며 좋아한다. 앳된 소녀들의 장난으로 웃음은 뒤로 물러설 줄 모른다.

애들이 떠나고 난 자리에 다시 적막이 흐른다. 언제나 이렇듯 웃음을 잃은 후엔 쓸쓸하다. 인생은 이런 거야.

우울감이 되살아나 슬프다.

83. 8. 26.

뺨따귀를 맞다

토요일 2교시에 체육을 했다.

몇몇 애들이 배구팀을 만들어 1반, 3반 나누어서 플레이 게임을 했다. 난 하기 싫었다. 하나둘 애들이 교실로 들어가자, 나는 영희와 학교 옆 냇가에서 물고기에게 밥을 주고 교실로 들어왔다.

선생님한테 들키고 말았다. 우린 뜀뛰는 벌을 받았다. 1반, 3반 애들이 모두 보는 앞에서 창피함을 무릅쓰고 운동장을 달렸다. 뛸 때마다 치맛자락이 내 무릎을 드러냈다. 부끄러워 뛸 수가 없었다. 꼴찌를 했다.

"야, 너 이리 와."

선생님이 내 뺨따귀를 아주 세게 갈겼다.

남녀 공학 친구들이 보는 앞에서. 하늘과 땅과 산이 보는 앞에서. 그동안 내가 좋아했던 수학 선생한테서 맞았다. 나는 친구들 앞에서 모욕을 줬다는 것에, 아무도 만지지 않은 내 얼굴에 이성이 손을 댔다는 것에, 그것도 뺨따귀를 맞았다는 것에 분노가 치밀었다. ×××!

그렇게 무지막지하게 때리는 선생이 이 세상에 있다니. 분해서 견딜 수가 없었다. 그 자리에서 죽고 싶었다. 미친 사람. 나쁜 사람. 그동안 그윽한 눈으로 쳐다봤던 내가 바보였다. 뭔 죽을죄를 졌다고. 당신을 증오할 테야.

수업 시간에 공부는 안 가르치고, 뭐가 기분 나빠 애들을 밖으로 내돌리고 하는 수작이란…. 분명 뭔가 기분 나쁜 일로 나한테 분풀이한 게 틀림없어!

83. 9. 5.

변해 버린 친구

어둑어둑한 밤, 내 친구 얼굴을 확인했다.

그 애는 분명 중학교 친구다. 그런데 숙녀보다 더 성숙해 보였다. 화장은 고사하고 옷차림이며 머리 모양이며 몸짓이 흔들거리는 게.

슬퍼졌다. 웬 늙은 남자와 함께 커다란 가방을 끼고 나를 보자 달아났다. 간신히 그녀의 얼굴을 살핀 나는 그만 그녀의 두 눈과 마주쳤다. 그러자 또 내 눈을 피하고 도망을 가는 게 아닌가.

노랑 파마머리에 옷은 살갗이 비치는 날개옷 차림, 높은 뾰족구두, 입술은 붉으며 눈두덩은 파랗고 안색은 희었다. 변해도 너무 변해 말이 안 나왔다. 17살, 순수해야 할 소녀가 그런 모습이라니. 술을 따르고 남자를 희롱하는 슬픈 소녀.

친구를 그렇게 만들어 놓은 세상에게 금방 분노가 치민다. 세파에 찌들어 살아온 그녀의 맥없는 눈빛이 가엾다.

난 그냥 이대로 작은 소녀, 순수하고 평범한 소녀일 테다. 모든 것이 변해 가는 세상에 물들지 않고 그냥 지금처럼 살아갈 테다. 아버지의 가정 교육에 벗어나지 않고 엄마의 여인상을 배우며 정조와 절개를 지키리라.

유혹도 매혹도 필요 없다. 내가 조신하게 살아갈 수 있으면 된다. 함부로 나다니지 않고, 나만의 세계를 정립해야 한다. 애들이 변해 가는 것처럼 나도 변해 가서는 안 된다.

그저 순순히 고이고이 내 삶을 맞이하고 싶다. 순수한 소녀 시절을 벗어나기 싫다. 진정으로 조용히 한세상 살아가야지.

83. 10. 9.

분꽃 화장

들을, 대지를, 광야를 자유로이 뛰노는 소녀.

단발머리 폴락일 때마다 태양 빛으로 금빛이 돈단다. 흰 무릎이 보일까 봐 수줍은 네 눈가에 서글픔이 엿보인단다.

두 손으로 들국화 한아름 가슴에 안고 뛰놀던 소녀. 이제 조용히 저 건너편 초가집 조그만 뜰로 발을 옮겨 가자. 그 가장자리엔 크고 작은 돌들로 둘러싸인 풀과 꽃들이 아침이슬로 가득하단다.

저 꽃은 구절초 이 꽃은 과꽃, 그리고 그 옆엔 분꽃. 분꽃을 살피자꾸나. 벌써 후추 닮은 씨가 빠졌네. 근처에는 코스모스가 한들한들 가을바람에 사뿐거리네. 가을 하늘은 호수를 담았네.

소녀는 노래 부른다. 가을의 그리움을 공중에 새기고,

슬픈 가을의 작곡가가 되고 작사가가 된다. 이내 소녀는 몰래 좁다란 길가에 앉아 돌멩이로 검은 분꽃 씨를 깨뜨린다. 하얀 분 향기가 몰래 소녀의 가슴에 충동질을 하고 나래가 된다.

소녀는 온갖 호기심으로 설렌다. 분꽃 씨를 곱게 부수어 분을 만들었다. 두 볼과 콧잔등, 이마와 입술에도 하얀 분가루를 칠했다. 붉었던 얼굴이 하얗게 되자 부끄러운 미소가 번진다.

작은 거울에 처음 보는 낯선 소녀의 얼굴이 나타났다. 소녀는 웃어 댔다. 아주 성숙한 처녀의 얼굴이었다. 소녀는 신기한 듯 더 세게 웃어 댔다. 들국화를 입에 문 채 무뚝뚝하게 거울만 바라봤다.

나는 이다음에 처녀가 된다면 화장 같은 건 안 할 거야. 사람들이 하는 그런 화장은 절대 안 할래. 만일 화장을 한다면 내 집 뜰에 분꽃을 심어 가을에 씨를 받아 태양에 바싹 말려 가루를 만들어 화장을 하리라. 향기롭고 고운 자연 그대로의 화장을. 때 묻지 않은 얼굴로 순수함의 멋을 표현하리라.

소녀는 이런 생각으로 부끄러운지 들국화로 얼굴을 가리는 것이었다. 들국화를 닮은 소녀의 몸짓은 가을 향기를 뿜고 있었다. 분꽃 씨 가루를 빻아 화장한 뽀얀 얼굴이 부끄러워 빨갛게 물든다.

83. 10. 20.

깊어 가는 가을 밤

밤하늘은 검푸른 바다, 별들은 은어다.

별들이 속삭임을 엿듣는다. 그들의 표현법은 깜빡깜빡, 살랑살랑.

가을이 깊어 갈수록 소년의 안부가 궁금하다. 이 순간 내겐 별, 바람, 낙엽, 들국화, 일기장이 함께한다.

미지의 그에게 편지를 썼다.

산에는 붉은 단풍들로, 언덕엔 들국화로, 길가엔 코스모스로 가득하다고. 그 향기와 느낌으로 미칠 것 같다고 말이다.

가을을 안고 그리움을 던지러 들에도 갔었다고 썼다. 뱀의 무리도, 도롱뇽의 숨바꼭질도 아랑곳없이 당돌하게 쏘다녔다고 말이다.

왜냐고 물으면, 아름다운 풍경이 있었거든. 가을 향기가 나를 꼬셨거든. 바람으로부터 잔소리를 들었거든.

 개울에도 갔었다고 썼다. 잠자리꽃 한 다발 안고 걸어도 보았고, 억새밭과 낙엽 쌓인 길도 걸었다고 말이다.

 왜 그랬냐고 따지면, 그냥 쓸쓸함 가득 느껴 보고 싶어서 그랬다고.

 아, 지금 그는 무얼 하고 있을까.

 그도 외로움을 알까.

 슬픔을 알까.

83. 11. 9.

탄식

울었다. 마구 울었다. 자꾸만 눈물이 막 쏟아졌다.

가눌 길 없는 분노가 가슴 저 밑바닥에서 흘러나왔다. 가슴이 답답해 견딜 수 없다. 괴로움이 폭발해 현기증이 났다.

죽고 싶었다. 살 필요가 없었다. 살아서 할 일이 없기에, 가치 있는 삶이 될 것 같지 않기에. 차라리 이 현실을 망각하고 싶다.

이 세상 모든 것 다 잊고 싶다. 내가 하고 싶은 일을 배우지 않는데 굳이 내가 존재할 이유가 없다. 미쳤다. 왜 우리 학교는 펜싱만 하고, 미술 시간은 없냔 말이다. 바보가 된 기분이다. 부모는 나에 대해 관심으로 돌보지 않는다. 농사일이 버겁고, 할아버지에, 자식이 다섯이나 있으니 그럴 만도 하다만.

학교 다니고 싶지 않다. 계집애들도 모두 따지길 좋아하고 간사하다. 변덕쟁이, 이기주의자, 자만심 가득 찬 말소리, 제 기분대로 신경질적 말투, 쏘아보는 눈, 엮이기도 싫다. 내일이면 또 아량을 베풀고 손잡고 나를 감싸겠지.

선생님 충고도 한두 번이어야지. 여기 학교는 내겐 맞지 않다. 내가 좋아하는 과목도, 관심도 없다. 세상 모든 일이 귀찮다. 눈 감고 먼 나라 꿈이나 꾸어야겠다. 살아갈수록 이렇게 탄식만 더해 간다.

83. 12. 29.

사랑

사랑은, 순하고 포근하고 달콤하다.
그러나
사랑은, 아프고 슬프고 우울하다.
사랑은, 오래 열렬하길 원하지만 한순간 배반당하기도 한다.
사랑에 빠지면, 용기를 얻을 수도 있지만, 패배할 수도 있다.
나는
사랑은 모성애만큼 아름답고, 깨끗하고, 진실하고, 보살펴 주는 거라고 생각한다. 자기의 이익 차리는 게 아니고, 오로지 상대와 함께 나누는 사랑만이 생명력이 있는 거라고 믿는다.
그렇지만
내가 책에서 깨달은 바, 때로는 사랑이 더럽혀지거나

울음바다가 되거나 한 생명을 죽게 하는 경우도 있고, 그것에 희생당해 인생을 깡그리 망칠 수도 있다.

  잠깐의 충동은 서로에게 고귀한 성을 허물고, 희망찬 미래를 가로막기도 한다.

  내가 보는 진정한 사랑은, 언제나 변함없는 마음으로 둘만의 비밀이 공개되지 않았을 때 비로소 사랑이라고 믿는다.

18살, 갈망 저 너머

기회가 없음을 두려워하지 말고
준비되어 있지 않음을 두려워하라.
— 랠프 월도 에머슨

84. 1. 10.

신경질

나는 왜 눈물이 날까.

눈물이 난다는 건 마음이 약하다는 거다. 아무리 생각해도 나는 큰 슬픔이나 분노는 없다. 그런데 괜히 막 신경질이 난다.

그 누가 내 맘 알아줄까. 인생 경로에서 회탄하고 아파하는 소녀의 마음을.

하루에도 몇 번씩 기분이 좋았다 나빴다 한다. 그래서 기분이 나쁠 땐 누구에게나 신경질을 부린다. 갈피 못 잡는 내 맘 전하려는 뜻이었으나 그대들은 눈치 채지 못했지.

가슴이 터질 것 같다. 어디로 떠나고 싶다. 어둠 속 깊은 곳으로.

난 왜 이리 가난할까. 돈도 마음도 행복감도. 이해성과

복종하는 힘도 없다.

  답답함을 못 이겨 밖으로 나다녔다. 여기저기 들판을 쏘다녔다. 꽝꽝 얼어붙은 개울에도 갔다. 큰 돌멩이로 얼음장을 쿵, 깨니 옹달샘처럼 맑은 물이 퐁퐁 솟았다. 얼음 밑으로 맑게 흘러가는 물소리가 경쾌했다.

  태양은 따사로웠다. 태양을 안고 자연에 몸을 맡기니 신경질이 좀 꺼졌다.

84. 3. 7.

남자 짝꿍

  그에게서 냄새가 났다.

  언젠가 맡아 본 비누 냄새처럼 향기로웠다. 괜히 내 마음 달아오른다.

  남녀 공학이지만 여태 여자 짝꿍이었다가 오늘부터 남자 짝꿍으로 바뀌었다. 선생님이 지정해 준 대로 한 아이가 내 옆에 앉았다.

  난 얼굴도 못 든 채 떨렸다. 서로 얼굴도 마주치지도 못하고, 하루를 벙어리로 보냈다. 왠지 기분이 이상해졌다. 이런 느낌은 뭐지?

  오늘따라 스커트를 쫙 다려 입었는데, 그 애는 말이 없는 것이다. 무뚝뚝하고 아주 순진한 모습으로 공부만 하고 있는 것이다.

그렇게 하루 종일 한마디도 안 하고 헤어졌다. 내 기분은 그저 그랬다. 아니, 그리 나쁘지 않았다. 좀 웃는 낯 같다. 집에 돌아와서 난 줄곧 그 애 생각을 했다.

난 그 애 성격을 가늠할 수 없어서 낙서 비슷하게 편지를 했다. 언젠가 물어보고 싶은 질문으로만. "너는 왜 살아? 좋아하는 게 뭐니? 행복하니?"

아주 순진하고 결백한 짝으로서 말이다.

84. 3. 8.

나도 몰라

짝이 나보다 먼저 와 독서를 한다.

모범생이란 걸 알았다. 난 두근거리는 맘에서 아주 세게 칼을 들었다.

"영어 사전 있니?"

"한글 사전은 있어도 영어 사전은 없어."

아니, 이 애가 왜 그럴까. 그냥 없으면 없는 거지 왜 말을 덧붙인대? 나한테 말을 하고 싶으면 말을 걸든지. 난 꾹 참고 오전을 보냈다. 오후에 부기 시간이 있었다. 내겐 자신 없는 과목이었다.

그 애의 노트를 훔쳤다. 나와 답이 틀려 내가 물었다. 그런데 웃긴다. 그 애, 지가 선생이라도 된 양 아주 상세하게 가르쳐 주는 것이다. 앞으로도 많이 물어보고 싶다. 그래야 말이 많아지겠지.

마지막 시간에 CA 편성이 있었다. 난 미술부를 택했는데 그 앤 잠자코 서두르지 않는다. 난 칼을 후볐다.

"어느 부에 갈 거니?"

"글쎄, 잘 모르겠다."

어라, 좀 쌀쌀맞게 구네. 어이가 없어 말문이 막혔다. 집에 가려고 대합실로 향하다가 그 애와 우연히 마주쳤다. 난 맘이 흔들렸지만 못 본 체했다.

오늘 밤 별을 더듬는데 왜 그 애가 뇌리에 스치는지….

이런 게 여자의 갈대 같은 마음인가.

84. 3. 9.

그 애의 용기

오늘은 내가 그 애보다 일찍 교실에 들어가 자리에 앉았다.

그 애가 어제도 그제도 나보다 일찍 와서 공부를 하니까, 내 맘도 알 수 없게 자존심이 있었는지 보복을 하고 싶었다.

그 애가 오자 "안녕." 하고, 수줍은 미소 지으며 앉으라고 걸상을 내주었다. 그 애가 처음으로 말을 걸어왔다.

"야, 시간 됐는데 전자실에 가자."

그 애의 그 소박한 용기가 가상하다. 왠지 웃음이 난다. 친밀감도 생기고.

먼 데서 그 애가 나를 쳐다본다. 내가 친구들하고 웃고 다니며 재밌어하면 그 애가 자꾸 관찰하는 것 같아 난 아예 다른 반 교실로 간다.

그 애는 여전히 조용하고 말이 적다. 난 가만히 그 애의 옆모습을 훔쳐보았다. 아직까지 한 번도 전율 흐르는 걸 느낄 수 없는 눈동자를 보고 나는 그 애를 조금 알 것 같았다.

왠지 외로운 몸짓. 그리고 회의하는 숨결.

가난해 보였다. 수수한 옷차림, 조금 커 보이는 교련복 차림이 그랬다. 그 애의 옆모습이. 그 애는 수줍음을 탄다. 그래서 나는 나의 내적 성격을 회피하고 그 애에게 관심을 보이려 말을 걸려고 노력한다.

오늘도 그 애와 눈을 마주친 적이 한 번도 없다.

84. 4. 16.

그 애의 숨소리

그 애와 난 항상 붙어 있었다.

그 애와 대화를 하니 아침부터 저녁까지 즐거웠다. 난 그 애가 싫어하는 영어를 가르쳐 주었고, 그 애는 내가 못하는 수학을 자세히 차분하게 가르쳐 주었다.

그 애의 숨소리가 온화하게 느껴졌다. 기다리던 사람의 입김처럼 말이다. 우린 점점 말이 많아졌다. 그 애의 웃음은 천진난만했다. 내 맘을 편안히 밝게 해 주는 그러한 웃음이다.

3교시 체육 시간은 자율 학습 시간이어서 난 연습장에 글을 썼고, 그 앤 명상록을 읽었다. 중간중간 말도 했다. 우린 짧은 시간이었지만 가장 많은 이야길 나누고, 서로를 알게 되었다.

그 애도 갈등이 없는 건 아니었다. 지리학자가 꿈이란다. 소설과 시와 철학책을 즐겨 읽는 지식인이었다. 클래식 음악과 낙서를 좋아하고 산을 좋아하고 쏘다니길 좋아한다는 애.

우린 한참 자신의 이야기를 했다. 그때 그 애는 명랑했다.

7교시 자율 학습 시간이 또 있어서 우린 계속 자기 이야길 하다가 그 애가 오목을 두자고 제의해 왔다. 우린 다정히 가까이서 서로의 숨소리를 들으며 시간을 보냈다.

마지막 환경 정리를 하고 그 애와 웃음과 언어로 안녕을 말했다. 집으로 가는 길에는 어둠이 내려 번지고 하늘엔 둥근달이 휘영청 떴다.

84. 4. 19.

꼭 안아 주세요

잿빛 물결치는 날, 그대를 만나고 싶다.

그대 품에 안겨 사랑받고 싶다. 그러면 난 지상에서 가장 행복한 소녀. 세상은 나를 위해 만든 것.

그대여, 세상으로부터 나를 구해 주세요. 나를 꼭 안아 주세요. 꼭꼭 감춰 주세요. 그리고 나만 좋아한다고 속삭여 주세요.

난 외로워 견딜 수 없어요. 내가 보고 싶었다고, 내가 그리웠다고 말해 주세요. 그러면 난 그대 품에 꼭 안길 거예요. 오늘 밤 꿈에 만나지 못하면, 먼 훗날로 옮겨요.

84. 4. 22.

기다림에 지친 하루

　소녀는 오늘도 기다림으로 하루를 살았습니다.
　언제나 그렇듯 먼 산과 신작로 저편을 바라보다 지칩니다.
　기약 없는 그 기다림은 늘 외로움을 동반합니다. 그러나 기다림이 있다는 건 행복한 일입니다.
　어느 땐 편지를 들고, 어느 땐 꽃다발을 들고, 무작정 기다림의 성을 쌓습니다.
　불러도 못 들은 체하며 떠나 버린 그리운 한 사람을 못 잊어 그러는지 모릅니다.
　오늘도 조그맣고 앳된 소녀는, 핏빛 불타는 가슴으로 이 따사로운 봄날 기다림으로 설렙니다.
　어느새 해는 저편에서 기울기 시작합니다. 기다림의 목마름은 왜 그다지도 긴지요?

오늘도 하는 수 없이 밤새워 쓴 편지를 허공에 날리고, 꽃다발은 바람에게 전했습니다. 헛걸음만 쳤습니다. 수줍음으로 기다림만 퍼 올린 허전한 봄날입니다.

그러나 내 그리운 그대여!

기다림에 지쳐도, 오지 않는 그대가 밉지 않은 까닭은 무엇인가요.

84. 4. 23.

뒷산에서

다이아몬드의 영광을 닮은 태양. 희망에 부푼 들판의 새싹들. 빙 둘러 여기저기 찬연한 봄빛.

나는 일기장과 펜을 가지고 뒷산으로 갔어. 봄처럼 화사한 옷을 입고 산으로 갔지. 외로움을 깔고 그리움을 노래하기 위해 산으로 말이야. 뭔가를 갈구하고자 그곳에 갔어. 그리운 한 사람 보고픔에 못 견뎌 산으로 갔지.

그리고 누웠어. 쏟아지는 햇살을 마음껏 받아먹었지. 괴로움 은폐하기 위해 눈을 감았어. 잠시 이 세상 떠나기 위한 기도를 올렸지. 차라리 이렇게 홀로 평화로운 잠을 구하고 싶어, 영원히….

그러곤 산등성을 팔짝팔짝 뛰어다녔어. 소나무, 참나무, 이름 모를 나무들을 꼭 껴안았어. 여기저기 핀 진달래

꽃을 꺾어 한아름 안고.

새소리가 상냥해. 저희들끼리 뭐라고 떠들까. 좀 더 들어가면 산토끼, 다람쥐, 노루도 있을 테지. 무덤이 듬성듬성 있어서 겁이 났지만 좋았어. 그러나 여전히 난 혼자야.

사실, 오늘 난 슬펐어. 웬 주민 등록증을 발급하래.

난 어른이 되기 싫어. 마냥 어린 소녀로 살고 싶어. 어른이 돼 간다니 충격이야. 셈 잘하고 세파에 찌들어 사는 어른이라니. 싫어!

84. 6. 18.

조언자가 나타났으면

오락가락하는 비로 후덥지근하다.

내 마음은 분주하고 불안정한 데다 몹시 짜증이 난다. 학교에서 이천 쪽으로 코스모스를 심고 왔다. 가을에는 우리가 심은 코스모스가 예쁘게 피리라.

방과 후에 친구들끼리 모여 앞날을 걱정했다. 난 아무래도 디자인 계통 상업 미술을 배울 것 같다. 돈을 벌기 위해서다. 바보스럽게 그 돈을 벌기 위해서 디자이너가 되려고 한다. 대학은 왜 갈까. 시집을 잘 가기 위해서? 인생 간판을 따기 위해서? 앞날의 명예를 위해서? 지덕을 더 배우기 위해서? 빌어먹을!

인생 오도 가도 방황과 갈구라니 이 괴로움 어쩌란 말이냐.

집에 돌아오자마자 군불을 지펴 밥하고, 설거지하고, 여덟 식구 아니, 일하는 아저씨까지 9명 밥상을 차렸다. 농사일과 잡일이 하도 많으니 신경질이 난다. 혼자 그렇게 짜증이 난다. 나도 잘 모른다. 이 괴로운 심중.

진짜 디자이너가 되었으면 좋겠다. 여대생이 되어 캠퍼스 안을 두리번거리고, 이 세상을 유람하며 스케치 여행이나 하고 감상에 젖으면 참 좋으련만.

그런데 정말 돈이 그렇게 귀하고 좋은 걸까. 왜 어른들은 그것을 그렇게 아끼고 좋아할까. 그것이라면 그렇게 즐거운 것인가. 힘든 일도 그것 생각하면 보람된 듯 크게 생각하니. 내 부모가 바라는 대로, 내가 바라는 대로 살아갈 수 있을까.

아무나 붙들고 무슨 이야기든 나누고 싶다. 주관적이고 철학적인 자기 인생에 대해서 토론 했으면 좋겠다. "너는 무엇이 되어라, 너는 그것을 해야 한다."라는 말. 그 어떤 말을 내게 해 주었으면 좋겠다. 그렇게 이해와 관심을 보여 주는 사람이 있었으면 좋겠다.

그러나 아무도 없다. 내게 다정다감하게 다가와 조언해 줄 사람은 없다. 누구라도 좋으니 어서 내 곁에 나타나, 내 인생에 도움이 되는 말로 나를 잘 이끌어 주었으면 좋겠다.

84. 6. 19.

앵두와 아저씨

학교를 파하고 영희, 수안, 미옥, 나는 진우리 영희네로 갔다.

앵두를 따 먹기 위해서다. 30분간 진흙 길을 걸었다. 우린 길 위에서 인생과 자기의 진로에 대해 이야기를 나누었다. 회사원, 수녀, 사업가, 화가가 되고 싶다고들 한다.

곧 빨간 앵두가 방울방울 달린 집이 나타났다. 각자 손이 바쁘게 새콤달콤한 앵두를 따 먹느라 정신이 없었다.

어느새 7시 10분이 되자, 자고 가라며 친구들이 나를 붙잡는다. 그러나 난 집으로 와야만 했다. 집안일을 해야 하고 여자라서 그렇다.

나는 부리나케 가방을 들고 달아났다. 아무 길이나 막 달렸다. 진흙이 자꾸 운동화에 튀고 야단이었다. 7시 40

분 버스를 타야 해서 무척 분주하고 당황하고 땀나고 덥고, 정말 신경질이 났다.

울음도 나온다. 어둠이 자꾸 깔려서 뛰었다. 반은 더 갔을까. 웬 아저씨가 자전거를 타고 가다 말을 건다.

"학생 어디까지 가?"

"곤지암까지 가요."

"그럼 여기 타지."

"타도 돼요? 정말 고마워요."

나는 무거운 가방을 안고 자전거에 올라탔다. 그리고 처음 보는 담배 내 진동하는 아저씨의 허리를 붙잡았다. 그랬더니 떨어질 것만 같았다. 어쩔 수 없이 아저씨의 허리를 감싸 안았다. 쑥스러웠다.

자전거가 더 덜커덩거릴 때마다 나는 아저씨를 힘껏 끌어안았다. 그때 바람은 상쾌했고, 풀냄새는 싱그러웠으며, 개구리 울음소리는 유난히 소란스러웠다.

아저씨는 내가 차를 놓칠까 봐 숨 가쁘게 페달을 밟았다. 아저씨가 나타나지 않았으면 난 죽어라 뛰어도 막차를 못 탔을지도 모른다.

84. 7. 27.

다리 밑에서

별이 내리는 조용한 밤
아무에게도 들키지 않게
다리 밑 개울물로 풍덩!
검음 속에서 목욕을 한다.
아 시원해, 아 시원해.
그렇게 나만의 시간을 즐기는데
앗, 깜짝이야!
그만 누군가에게 들키고 말았네.
놀란 나는 얼른 몸을 움츠렸다.
깜빡깜빡 전등까지 켜 대는 그놈은
점점 가까이 다가와 나를 노린다.
에잇, 나쁜 놈.

그놈은 바로바로
구리구리 쇠똥구리!

84. 8. 3.

체육 선생님

그가 하얗게 웃었다.

안경을 써서 지적으로 보였고, 조금 긴 검은 생머리가 멋져 보였다. 소나기가 퍼부어 우산을 쓰고 걸어오는데 외로워 보였다.

나는 그의 이름을 모른다. 학교에서 가끔 나를 툭 치고 하얀 웃음을 던지는 사람이라는 것 외엔 아무것도 모른다. 그가 우산을 접으며 버스 대합실 앞 내가 서 있는 곳으로 다가왔다.

"안녕하세요."

난 명랑하게 인사를 했다. 본숭만숭했다간 꿀밤을 맞을 것 같았다.

우린 오늘 그렇게 운명처럼 만났다. 교외에서 마주쳐 이렇게 둘이 가까이 있기는 처음이다. 그는 내가 다니는 학교에 붙은 중학교 선생님이다. 나는 친구 생일 선물을 사러 광주 가는 버스를 기다리고 있었다.

그가 버스에 오르고, 나도 버스에 올랐다. 그는 저만치 뒤로 가 자리를 잡았다. 사실 난 그와 이야기하고 싶었다. 그러나 난 모른 체하고 앞 좌석에 가 앉았다. 뒤에서 나를 지켜본 그가 자기 옆 좌석으로 오라고 손짓한다.

"얘, 이리 와."

난 말없이 그의 곁으로 다가갔다. 그가 자리에서 일어서더니 나를 창가에 앉히고 그가 내 옆에 앉았다. 우린 말이 없었다. 직행버스가 출발하기 시작하자 그가 침묵을 깼다.

"얘, 너 몇 학년이니?"

"2학년이요."

"학교에 나오니? 난 요즘 방학하고 쭉 나왔어."

그의 표정이 피곤해 보였다. 시간이 조금 더 가자, 난 어디서 용기가 나왔는지 "선생님, 고2가 되니까요 뭘 해야 할지 걱정이에요." 하고 말을 걸었다. 곧 그는 "성경책에 보면 들판의 꽃이나 새들도 하루하루의 먹이를 어떻게 구하나 하고 걱정하지만 그래도 잘 주워 먹고 사는데, 하물며 인간이 그런 걱정을 하냐."라고 말했다. "인간이 걱정할

건 이 세상을 하직한 후의 영혼에 대해 사색해라."라는 말도 했다.

왠지 그가 성실하고 침착하면서도 철학적으로 보였다. 가까이서 그를 바라보니 내가 원하는 이상형은 아니지만 매력이 있었다.

그에게서는 냄새가 나지 않았다. 다른 남자들에게선 머릿기름 내와 향수 내가 나지만, 그에겐 전혀 느낄 수 없는 인간향이 풍겼다.

"선생님, 전 하고 싶은 일을 못 해요."

"하고 싶은 일이 뭔데?"

"그림 그리는 일. 고등학교를 잘못 왔어요."

"아냐, 아직은 희망이 없진 않아. 혼자라도 열심히 그려봐. 그리고 개인 지도를 받아야 해. 화실을 다니고 레슨을 받아."

그 얘기를 꺼내자 그가 자꾸 신경 쓰며 기초부터 데생 연습을 하러 화실을 나가란다. 그런데 화실은 곤지암에도 광주에도 없다. 이천으로 가야 한다.

난 기분이 좋았다. 그와 눈을 마주칠 때마다 전류가 흐르는 느낌. 이상야릇한 압박감. 난 얌전한 몸짓으로 가만히 눈을 창밖에서 내 무릎으로 내렸다. 그리고 한참 침묵이 흘렀다.

"선생님, 어디 사세요?"

"광주. 힘들어서 서울에서 이사 왔어."

우린 광주 터미널에서 내렸다. 난 그의 뒤를 따라갔다. 지나치는 사람들이 우리에게 시선을 떼지 않았다.

"어느 쪽으로 갈 거니?"

"저쪽이요."

난 내가 갈 방향을 손으로 표시했는데도 그와 몇 초라도 같이 있고 싶었는지 머뭇거렸다. 나도 모르게 그의 뒤를, 아니 어깨를 나란히 하고 건널목을 건너 조금 더 걸었다. 그가 가끔씩 나를 쳐다보며 웃었다.

곧 그는 두 갈래 길을 앞에 놓고 "넌 어디로 갈 거니?" 하며, 자기는 저쪽으로 가겠다고 서 있었다. 안경 낀, 깨끗한 옷차림, 소년 같은, 서울 사람. 웃는 모습, 입이 인상적인 그.

"얘, 잘 가라." 하며 크게 웃어 준 그. 그러면서 달아나지 않고 가만히 그 자리에서 나를 지켜본 그. 나의 대답 '안녕히 가세요.'를 듣고 싶었을까.

난 웃으며 "선생님 오늘 재미있었어요. 안녕히 가세요." 하고 인사했다. 그는 걸어가면서 또 웃어 주었다. 나도 가만히 미소를 보냈다.

  난 오늘 이상하게 말이 서툴고 더듬거렸다. 그의 웃는 모습이 좋다. 웃을 때 볼우물도 좋다. 쓸쓸한 모습이지만 하얗게 웃는 그가 자꾸 생각난다. 그를 저만치 보내고 뒤돌아서니 내게 외로움과 슬픔이 찾아온다.

  곧 길을 되돌아가 선물 가게로 들어갔다.

  버스를 타고 집으로 돌아오는 길에도 그가 내 눈에 선하다. 집으로 돌아와 들에 나가 땀을 뚝뚝 흘리며 호미질을 하는데 짜증이 나지 않는다. 자꾸만 그에 대한 생각뿐이다.

  저녁때 동생을 통해 그가 체육 선생님 L이란 걸 알았다.

84. 8. 10.

밤에 대한 동경

불을 끄고 창가에 누워 밤하늘을 바라봅니다.

한가득 달빛이 쳐들어옵니다. 그 촉촉한 달빛에 흥건히 젖은 제 몸이 드러납니다. 방문을 열게 합니다. 달 하나, 별 하나, 나 하나….

밤은 누가 만든 예술일까요. 너무나 고요하고, 향기롭고, 신비롭습니다.

밤은 고독과 외로움의 경지입니다. 아름다운 멜로디이고, 꿈이고, 절망입니다.

그렇게 밤은 많은 아름다움을 내포하기도 하지만, 나의 밤은 절대 외로움입니다. 고통과 번민을 주고 가슴을 시리게도 하니까요.

그러나 밤은 낭만을 줍니다. 사탕 맛 환상과 커피 맛 그리움도 안겨 줍니다. 나는 오늘도 밤에 묻혀 그리움을 캐고, 외로움을 헐기 위해 눈물을 떨어뜨립니다.

오늘밤에도 달빛 속에서 그리움의 탑(城)을 쌓습니다.

84. 8. 13.

달 때문에

한밤중이었다.

달이 맑고 깨끗해 참을 수가 없었다.

아무도 모르게 대문을 빠져나왔다. 누군가가 날 볼까 봐 몹시 겁이 났다. 혹시라도 '저 계집애 뭐 하러 밖을 쏘다니나?' 하고 생각할까 봐.

난 고개를 한껏 쳐들고 달을 맞이했다. 온몸이 달빛으로 흠뻑 젖었다. 그리움이 샘솟기 시작했다. 이 터질 듯한 그리움이라는 성, 어디서 흘러나오는 것일까.

한참 달에 젖어 있을 때 성진이가 다가와 충고한다.

"그놈의 낭만 그만해!"

"넌 감성도 없냐?"

말싸움이 시작되었다.

난 정말 누구보다 많은 사색을 한다. 어디서나 내 몸짓은 느리다. 그러나 결론은 언제나 같다.

'모른다.'

사는 대로, 흐르는 대로 살고 싶다.

온 세상이 달빛으로 촉촉하다.

84. 9. 16.

To. 미지의 가을 소년

소녀는, 자연을 사랑하고 예술을 사랑하며 모든 생물을 사랑합니다.

청춘이 죽고, 계절이 죽고, 낮의 모든 아우성도 죽어 버린 가을밤입니다.

봉숭아, 코스모스, 달개비, 달맞이꽃, 은행잎, 억새풀이 소녀의 일기장에서 꽃 무덤으로 장식되고, 이름 모를 풀벌레 소리가 글을 쓰게 합니다.

지금 밤하늘의 해변엔 별들의 씨앗이 참 많습니다. 별들도 외로운 걸까요. 여기저기 흩어져 나부끼는 별 씨들이 갈 곳 몰라 서성대네요.

소녀는 밖으로 나와 신선한 밤공기를 마시며 지난 계절의 소야곡을 듣습니다. 쓸쓸하지만 향기로운 밤입니다.

낮에 있었던 걱정과 한숨은 저만치 사라집니다.

가을 소년, 이 가을엔 괜스레 우울과 서글픔이 밀려옵니다. 미지의 가을 소년, 그대에게 편지를 쓰고 싶습니다. 그대와 밤새도록 가을 이야기를 나누고 싶습니다. 박인환의 「목마와 숙녀」와 구르몽의 「낙엽」과 윤동주의 「별 헤는 밤」을 말입니다. 그리고 소녀와 소년의 이야기를 말입니다.

가을 소년, 이 시기가 되면 왜 눈물이 나고, 탄식하는 소리가 저절로 나오는 건가요. 소녀가 감수성이 예민한 탓인가요. 소녀는 오늘도 막차를 타고 꼬불꼬불한 산 고개를 달립니다. 밤바다에서 굴러다니는 별들을 보면서 말입니다.

가을엔 펜을 굴리고 싶습니다. 이렇게 끄적대며 받아 줄 사람 없는 미지의 그대에게 편지를 씁니다. 소녀의 편지를 받아 주실 건가요?

곧 들국화가 만발하면 소녀는 가을 들판을 마구 누빌 것입니다.

84. 9. 24.

죽음

  아저씨는 검은 얼굴로 촌구석에서 뼈 빠지게 일했다.
  아끼고 아껴 재산을 많이 불렸지만 더 검소하게 살았다. 맘먹고 돈 한번 써 보지 못한 그 검소한 생활.
  피를 빼고, 땀을 빼 근면 성실하게만 살았다. 그리고 일이 힘들어 못 견딜 땐 수건으로 땀을 씻고, 니코틴 냄새를 풍겼다.
  그러나 이제 그런 아저씨는 세상에 없다.
  따뜻하다가 차가워진 집은 쓸쓸한 가을 새벽녘 같다. 목마르게 애태우는 갈대의 모습처럼 꽉 나온 뼈마디만 남겨 두고 그 검은 피부는 말없이 죽었다.
  가련하고 불쌍한 죽음.
  그의 아내와 자식들은 그런 아저씨를 붙들고 통곡을 퍼

붓는다. 울음바다가 새벽을 울리고 밤을 흔든다.

곧 제사를 지냈다. 온갖 음식으로 상다리가 무너질 듯 차려졌다.

그 차려 놓은 제사상을 보았을 때, 다 소용없는 짓. 차마 말 못 할 울음, 허망, 후회에 못 견딘다. 그것이 인생인 것을, 부질없는 인생인 것을, 그러면서도 왜 발버둥 치며 세파에 얽히고설켜야 할까.

우리는 죽음 앞에서 힘이 없다.

84. 9. 25.

L 선생님

하얗게 상기된 애처로운 모습.

오늘도 몇 번 L 선생님과 부딪쳤다. 예전 같았으면 인사를 했겠지만 할 수가 없었다. 선생님도 나를 못 본 척 스쳐 지나갔다.

가슴이 아프다. 왜 나를 모른 체하며 멀리하는 걸까.

무슨 이유라도 있는 얼굴이다. 밉다. 밉다. 그리고 가슴이 시리다. 나도 잘 모른다. 이런 시련. 이런 떨림. 이런 슬픔.

선생님이 대화하자 해 놓고 아무 소식을 전하지 않고 있다. 초라하게 마른 몸을 보았다. 좋아하는 선생님, 내 가슴의 선생님. 내 행복의 성 속에 비치는 선생님.

오늘도 아무 말이 없다.

84. 9. 28.

무엇 때문에

나는 왜 험악한 절벽 세상에 서 있는 걸까.
무엇을 보려고,
무엇을 들으려고,
무엇을 말하려고,
무엇을 먹으려고,
무엇을 배우려고,
무엇을 얻으려고,
무엇을 꿈꾸려고,
암흑 속에 묻혀 왜 이리 서 있는 걸까. 나는 도대체 무엇 때문에 삶을 갈망하는 걸까.

한심한 나란 존재. 무가치한 생각들이 나를 짓밟는다. 나는 이 속에 구속되어 죄수인 양 숨죽이며 산다.

내가 왜 이렇게 비겁하게 비틀대며 사는 걸까. 아무 죄도 짓지 않았는데.

답답함이여, 허망함이여, 괴로움이여, 울분이여.

현실을 사랑하지 않지만, 살고 싶다. 간혹 짝사랑, 그마저 구차할 때가 있다. 그리고 아무것도 구원하고 싶지 않다. 필요 없는 존재로 있고 싶지 않고, 이익 갖고 싶지 않아 그렇게 홀로 가만히 있고 싶을 뿐이다.

왜 이리 머리가 아픈가. 진정 생마저 구차하게 느껴지는 이유 때문인가.

나는 누군가. 어디서 와서 어디로 가는가. 영문 모르는 난 무엇을 하려고 존재하는가.

84. 10. 5.

사랑을 하자

　우리 이 밤 다하도록 속삭이자.
　너와 나 아무도 간섭하지 않는 자유로운 곳으로 가자. 거기서 쓸쓸함을 말하자. 가슴 깊이 숨겨진 외로움 꺼내 보자. 우리 온밤을 다해 웃어 보자. 슬픔일랑 저 멀리 하늘에 날려 보내자.
　너와 나, 하나의 성을 쌓자. 우리들의 둥지를 짓자. 너는 내 둥지 안의 비둘기, 나는 너의 숫아내. 우리 그곳에서 알을 품자.
　그리고 그 알에게 우리 둘의 사랑을 먹이자. 그러면 알은 우리의 따스한 사랑으로 너와 나의 존재, 어미와 아비 새임을 알게 되리라.
　너와 나 단둘이 저 깊숙한 산가에서 만나자. 수줍어하

며 연민의 정 아무도 모르게 쌓아 보자. 거기서 우리 사랑을 하자. 너와 나 어둠을 밝혀 부끄러운 듯 수줍은 사랑을 하자.

84. 11. 13.

누굴까

    방과 후, 테니스 라켓이 없어서 성미랑 어린애들처럼 손으로 테니스공을 던져서 받는 놀이를 팔이 아플 정도로 재밌게 하고 있었다.

    언제부턴가 나를 주시하고 웃어 주던 선배 오빠가 저쪽 먼발치에서 가까이 다가왔다. 그러곤 줄곧 내 행동을 지켜본다. 그는 키가 컸으며 예쁘장했다.

    내가 웃을 때 따라 웃고, 내가 움직일 때 자세히 살피는 그의 몸짓.

    그 사람 왜 나만 쳐다보고 웃는 걸까. 이상한 전율 같은 게 내 몸에 이어 오는 것이다.

    황혼이 연보라색이었다가 어둑할 즈음, 나는 은행나무에 기대 조용히 빛나 흐르는 별에게 약속했다. 내 맘속의 한 사람만 좋아하기로.

84. 11. 17.

정말일까

"너 귀엽고 예쁘대. 저 오빠들이…."

옆 반 친구가 그들이 내게 그렇게 말했다고 들려준다.

나는 늙은 느티나무에 기대어 서서 친구와 고3 오빠들이 테니스 치는 것을 구경하고 있었다.

학교 안에서 만나면 웃음을 잘 주는 그 사람 누굴까. 그저 멀리서 수줍게 쳐다만 보고 웃어만 준다.

정말 가을엔 누군가를 알고 지내고 싶다. 그 사람이 그의 친구와 웃으며 내 쪽을 보며 무슨 이야길 중얼거린다.

난 얼른 나무 뒤에 등을 돌리고 안 보이게 숨었다.

19살, 상념의 시간

성숙은
내 아픔이기도 합니다.
제발
세상이여
시간좀 멈추게 해다오.
84. 8. 16.
S. H.

오랫동안 꿈을 그리는 사람은 마침내 그 꿈을 닮아 간다.
― 앙드레 말로

85. 1. 6. (1)

구원의 길

  진정, 나에겐 자유가 없나요. 선택의 자유, 내 맘대로 살고 싶은 자유 말이에요.

  난 인간이에요. 선택의 자유 속에 당신들과 똑같이 공존의 이유와 평등권이 주어진 엄연한 인간이에요. 왜 내가 하고픈 일, 당신들이 좀 부추겨 도와주면 안 되나요.

  나를 데리고 어디론가 달아나 주시지 않을래요? 여전히 날 가둬 두시는군요. 나에게 한 권의 스케치북과 연필 한 자루와 이젤 하나, 그리고 채색할 수 있는 도구를 허용해 주세요. 거기다 조용한 환경을 주세요. 암자 한 채, 그 자연 안에서 살도록 말이에요. 그곳으로 달아나 종적을 감추고 싶단 말이에요.

  셈을 배워야 하고, 따지기를 좋아해야 하고. 자격증에

목매는 역할에 지쳤어요. 제가 농담하고 웃고 좋아하는 것 같지만 속마음은 반대예요. 누군가가 제게 이해와 관심을 부여해 주시겠어요?

85. 1. 6. (2)

뒤척이는 밤

　방황하고, 고민하고, 갈구하고, 잠 못 이루며 아파하는 가슴.
커 갈수록 시련의 고통은 크고, 여러 가지 인내를 배우고 견뎌 내며 살아야 한다. 그리고 언젠가는 자유롭게 날아야 한다.
　지금도 나는 방황하고 있다. 걷잡을 수 없는 인생관을 갖고 있다. 며칠 전 난 겨울 바다 대신 여주 강에 갔었다. 그 어디든 달아나고 싶었다. 사람들이 보기 싫고, 시간 가는 게 무섭고, 잠자리 드는 게 몹시 두려웠다. 버릇처럼 새벽 늦게 잠이 들어 여지없이 무서운 꿈을 꾸어 헛소리로 아랫방 식구들을 깨운다.
　나는 그곳 강가 하얀 백사장이 좋았다. 황량한 겨울 강변을 걸으며 처량하고 고독한 채 하모니카를 부르기 시작했다. 아무도 없는 조용한 곳에서 철새 같은 자유를 느꼈다. 모래사장에 누워 뒹굴다 일기장을 꺼내 스케치를 하다가 넓고 파란 겨울 하늘을 보았다. 언제나 내 맘을 편안하게 하는 하늘.

내동댕이쳐진 몸, 메마른 입술, 충혈된 눈, 무거운 걸음걸이….

지금부터 내 인생관은 발랄하고 가벼운 걸음걸이로 바꾸려고 한다. 어쩌면 내가 지금까지 해 온 습관이나 방식도 다 바꾸고 싶어 그곳에 갔는지 모른다.

내가 생각해도, 난 왜 남들이 하는 것처럼 먹고, 자고, 학교 가는 반복된 일들을 하며 살아야 되는지 모르며, 왜 그렇게밖에 삶의 방법이 없는가 모르겠다. 나는 또 하나의 의미를 찾고 싶었다. 방황하는 인생길 말이다.

나는 무엇을 해야 할지 모르는 아이다. 그렇지만 그림을 그려야 한다는 꿈은 변함이 없다. 난 모래 위에 발자국으로 그림을 그리다가, 모래성을 쌓고 도망치듯 내뺐다.

난 언제나 날기를 원하며 참 자유를 기다린다. 내 고민과 방황은 아주 오래된 습성이다. 난 이중 연기를 잘한다. 친구들은 내가 명랑하고, 웃음 잘 짓고, 재미있는 아이로, 내가 꿈꾸는 일이 꼭 이루어질 거라고 확신한다. 그래선지 우리는 잘 떠들어 대고 감성주의자이고 서로를 귀여워하며 방과 후를 보내곤 한다.

　하지만 난 진실로 친한 친구에게조차 내 많은 고민과 방황하는 몸짓을 말할 수 없다. 그 애들도 각자의 고민이 얼마나 많은가. 어떤 친구는 괴로움에 남자 친구를 만나기도 한다.

　이상하게도 난 중학교 때 보다 성적이 많이 떨어지고 있다. 난 그것이 제일 가슴 아프고, 미술 시간이 없다는 것에서 절망을 느낀다. 멀리 이천까지 화실을 다니지만 힘겹다. 나는 더 글을 쓰기 시작했다. 일기를 꼬박꼬박 쓰고, 시를 쓰고, 편지를 썼다. 그것은 내게 잔잔한 미소를 뿌리고, 기다림과 아름다운 날들을 만들어 주었다.

　날이 갈수록 핑크빛 '미지'에 대한 싹들은 커 갔고, 나 아닌 우리라는 단어를 쓰게 되었으며 환한 표정으로 바뀌었다. 이 비밀스러운 가슴속 이야기를 해야 할까. 난 벌써 6권의 일기를 그 미지의 사람에 관한 글을 써 왔고 시도 많이 지었다.

　이제 나는 일기장을 펴고 숨은 이야기를 조심스럽게 엮어야겠다. 초록별이 유난히 밝고 아름다운 겨울밤, 화롯불을 곁에 두고 뒤척인다. 새 학기엔 정말 정신 차리자.

85. 4. 20.

진달래 꽃밭

동네 꼬맹이들을 꼬드겨 앞산 진달래 꽃밭으로 갔다.

나뭇잎이 가로 난 산길을 따라 한참 올라가니 여기저기 연분홍 진달래꽃 천지다.

우리는 사슴처럼 뛰어다니며 진달래꽃을 따 먹었다. 그때 다람쥐는 '나 살려라' 하고 낙엽을 헤치며 달아났고, 개미들은 웬 무법자가 나타났다며 자기네들끼리 뭉쳐 바쁘게 군대 열병을 했다.

한참을 뛰어놀던 우리는 봄 햇살 탓인지 피곤해져 그대로 산 위에 누웠다. 꼬맹이들은 이때다 싶게 벌떡 일어나 진달래꽃을 따다가 내 몸에 뿌리기 시작했다. 어느새 나는 진달래꽃 속에 파묻혔다. 세상에 하나밖에 없는 천연 꽃 드레스를 입은 공주처럼. 이 모습을 본 개미 군단은 적

군인 우리가 몹시 못마땅했던지 내 몸으로 마구 쳐들어와 물고 뜯고 전쟁을 벌였다.

"가. 가. 가. 여긴 우리 땅이야!" 개미들이 소리쳤다. 그러자 진달래꽃들은 "내버려 둬라. 아가들 놀러 왔다. 같이 놀아 줘라." 다독였다. 그때야 비로소 군대를 해산시킨 개미 군단.

우리는 다시 나란히 누워 동화 속으로 빨려 들어갔다. 한 꼬맹이는 백설 공주, 한 꼬맹이는 신데렐라, 한 꼬맹이는 하늘나라 천사가 돼서 날고 싶단다. 그 작은 입들이 꿈을 말할 때 눈동자들은 별빛보다 더 초롱초롱했다.

어느새 우리 얼굴과 손엔 진달래 꽃물이 찍….

85. 5. 25.

5월에 당신이 오면

아카시아 냄새로 가득 고여 있는 마을.

문밖을 나서면 누구라도 이곳에선 하얀 아카시아 숲속을 발견할 수 있고 그윽한 그 꽃 내음을 맡을 수 있습니다.

뱀이 즐겨 찾는 하얀 찔레꽃 숲에서도 그 꽃 내음 맡을 수 있을 겁니다. 한 걸음 더 나오면 꿀벌들이 아카시아와 찔레꽃 속에서 꿀 빠는 내음 즐길 수 있습니다. 당신이 오는 걸음걸음마다 그 내음들 다 몸에 축일 수 있습니다. 당신이 원한다면 마음껏 이 마을의 전설과 모든 향취 전해 드리겠습니다.

정녕 계절의 여왕을 찬양하다 햇살이 눈부시면, 그 아카시아 숲속 밑 오솔길과 넓은 개울가로, 아니면 늙은 아카시아나무 밑에 자리를 잡아 드리겠습니다. 그곳에서 한껏 찬란한 봄을 향유하십시오. 산새들 울고 고향 냄새 나는 이곳에서 온 자연을 즐기십시오. 그리고 이곳저곳 방랑하며 홀로 우는 뻐꾸기의 친구가 되어 그 뻐꾸기가 외롭지 않도록 뻐꾸기의 목소리로 애인인 양 대답해 주십시오. 그러면 뻐꾸기는 더 아름다운 소리로 더 크게 울어 댈 겁니다.

당신이 아카시아나무 그늘에서만 쉬고 싶다거나 풀이 많은 숲을 산보하길 더 원한다면, 당신은 한 가지 주의를 해야 합니다. 지금처럼 찔레꽃까지 만발할 땐 새침한 뱀들이 많이 기어 다닌다는 걸 늘 염두에 두시라는 겁니다.

당신이 걷는 언덕배기나 들길, 풀이 많은 곳이라면 간혹 그 뱀이 거품 침을 뱉어 자국을 표시하니 뱀이 많다는 걸 추측하십시오. 당신은 거기 서서 이러한 생각을 할 겁니다. '지금 내가 있는 곳은 천국'이라고.

당신은 싱그러운 얼굴이 되어 상큼한 냄새를 음미하며 상쾌한 숨을 쉴 겁니다. 한 오후쯤 늦게 당신은 또 아름다운 미지의 새를 만날 겁니다. 흰색으로 모가지가 긴 외로운 새 한 마리를 구경할 수 있으며 그 밖에도 휘파람새와 파랑새, 여러 새들의 노랫소리를 많이 들을 수 있습니다. 그리고 고고한 자태로 피어난 짙은 보라색 난초꽃을 보고 동양화의 여백미를 생각하실 겁니다.

 이 마을은 무척 시골이기 때문에 한가하지 않습니다. 넓은 밭과 논에서 혹은 언덕배기 위에서나 산 밑 아래에서도 당신은 얼마든지 농부의 노고를 볼 수 있습니다. 오리와 젖소와 황소가 노는 모습에, 노랑나비가 꽃을 찾아다니는 풍경과 꿀벌들이 열심히 꽃들과 입맞춤하는 모습을 보느라 당신의 눈은 바쁘게 움직일 겁니다.

 그리고 당신의 걸음이 우리 집 자두나무밭에 닿게 된다면, 당신은 그 초록 잎들 사이에서 운치 있는 원두막을 찾을 수 있으실 겁니다. 그곳에서도 당신은 늘 뱀을 조심해야 하고 풀벌레들을 살펴야 합니다. 그곳엔 좀 거센 풀들이 우거져 있으며 노란 애기똥풀과 씀바귀 쓴 내를 구별할 수 있습니다. 덤불 우거진 풀들 속에서는 엉겅퀴 가시에 피부가 할퀴일 수 있으니 조심하라는 경고도 드립니다.

 또한 당신이 이곳에 오시게 되면 파란 하늘에 저녁노을이 번질 무렵, 여태껏 아카시아 향기에 젖어 있다면, 나는 당신을 위해 음악을 크게 틀어 당신의 감정에 불을 피우겠습니다. 그 음악은 「고독한 양치기」가 적격일 겁니다. 내가 가장 좋아하는 것이지만 당신도 그 음악에 빠져 헤어나기 힘들 겁니다. 당신이 사랑하고자 하는 것들이 마구 그리워질 겁니다.

  그러곤 어둠의 커튼이 내리고, 멀리서 초록별이 뜨고, 당신 입술 모양의 달이 밤을 감싸면 당신은 아름다운 한숨으로 밤을 지새울 겁니다. 그러면 나는 하얀 나의 밤을 당신에게 물려주고 잠자코 있겠습니다. 당신은 밤을 사랑하는 사람일 테니까요. 당신이 밤을 안고 계실 무렵, 나는 당신의 밤을 쳐들어가 당신을 보호하겠습니다. 마글론이라는 별이 어떤 별을 몰래 만나듯이.

  또 당신과 밤을 지새우며 이야기하겠습니다. 오직 성스러운 몸 매무시로 저 별이 다 잠들어 이 세상이 고요하게 될 때까지 아름다운 생각만으로 말입니다. 결코 외롭지 않은 당신의 밤을 말입니다.

  언젠가 아카시아가 피는 계절 5월에 당신이 이곳에 오면, 당신이 원하는 대로 해 드리겠습니다. 그때 한창 그 꽃 그늘 아래서 우리의 이야기는 아카시아 향기처럼 그윽이 하늘에 번질 겁니다. 그리운 당신, 이곳에 들러 주십시오.

85. 6. 12.

사모했기에

　내가 당신을 사랑한다고 말하기 전 당신은 떠났다.
　우리가 사랑하려고 할 때, 운이 없게도 한가한 시간이 아니었다. 그래서 뒤로 물러서야만 했다. 우린 서로 어쩔 수 없이 거리를 두어야 했다. 현명한 판단이었다. 내가 고3이기 때문이다.
　조금 일찍 당신이 나를 사랑한다고 고백했더라면 이렇게까지 거리가 멀어질 수 있었을까. 여태까지 우리의 순수한 관계 유지는, 당신이 어느 날 봄의 녹색 찬란함을 못 참아 내게 사랑한다는 말을 토했기 때문이다.
　나는 도무지 사랑을 몰랐었다. 그러나 당신으로부터 그 말을 듣는 순간 내 조그만 가슴은 뛰었고, 이제 내 깊은 속 마음 깊숙이 당신을 생각하게 되었다.

그리고 순결한 당신에게 마음이 갔다. 문득문득 스치는 모든 생각들이 당신 이름뿐이었다. 거리에서 비껴가는 이들에게서도 당신의 모습을 그렸다. 당신이 좋아한다는 밤에도 당신에 대한 생각뿐이었다. 그러나 설령 당신은 아무 말 없이 떠났지만 나는 믿는다. 내 가슴에 남은 당신에 대한 감정, 가장 소중한 사람, 아니 사랑할 만한 사람이란 걸 알기에.

  당신은 잠시 내게서 도망치지 않고 나를 위해 잠시 물러서 준 거라고. 언젠가는 우리가 다시 사랑을 토로할 날이 돌아오리라는 걸.

  나는 여자의 자존심 때문에 사랑한다는 말은 하지 않았지만, 언젠가 당신에게 말하리라. 소중한 한 사람 내 가슴에 있었다고. 당신만 사랑했다고, 기다림에 지쳐 잊었다고.

  겉으로 웃는 나는 속으로 줄곧 울었고, 억지로 명랑한 채 밝아 보이려고 비겁하게 남들 앞에서 가장해야 했다고.

  그러나 당신이여, 나는 당신을 미워하지 않으련다. 진실로 당신만을 사모했기에.

85. 6. 14.

파란 하늘에 그린 꿈

맑고 투명한 이슬이 풀잎 위에서 방울방울 머뭇대는 아침. 살짝 그들을 건드리면 촉촉이 젖은 어느 소녀의 단발머리 같다.

다른 때와 달리 일찍 일어나 빳빳한 초목 사이에 조그맣게 파인 샘물을 들여다본다. 해맑다. 청아한 새소리와 신선한 공기가 참 좋다. 6월의 풋풋함과 싱그러움을 한껏 받아들인다.

내 아침의 시작은 하늘을 바라보며 사색하는 일. 오늘 하늘은 내가 제일 좋아하는 파랗다 못해 진파란 코발트빛. 새하얀 뭉게구름도 피었다. 기분이 상쾌해지고, 외로울 때는 친구가 되고, 방탕할 때는 위안을 주는 하늘.

난 어느새 하늘로 날아간다. 하얗고 몽실몽실한 꽃구름

타고 마음대로 여행을 한다. 넓디넓은 하늘을 떠도는 방랑객이 된다. 저기 어딘가에 천국이 있을지도 몰라.

구속에 얽매여 좋은 척하고, 비위를 맞춰야 하고, 골치 아픈 고3이라는 심뇌에서 벗어난 한없이 자유로운 저곳. 오늘은 코발트빛이어서 더 좋다. 저 구름도 그럴까.

이담에도 나는 하늘이 환히 내다보이는 곳에서 살리라. 산골에서 하늘을 맘껏 보고 깨끗한 아침을 맞을 수 있으면 좋겠다. 푸른 언덕 위에 하얀 집 짓고 밤이 오면 달과 별을 끌어안고 잠들면 좋으리. 시간이 날 때마다 초록에 누워 하늘을 안고 구름 타고 여행하면 재미있겠지. 음악을 듣거나 그림을 그리거나 글을 쓰면서.

그러곤 저녁노을을 바라보고, 별이 뜨면 나는 요정이 되고. 그런 밤이 가고 다시 안개 어린 새벽이 오면 나는 또 아침 산책을 하고. 자유롭게, 자유롭게.

나의 멋진 목동이나 농사꾼 왕자와 그 푸른 초원에서 파란 하늘 보며 구름 타고 마음대로 여행하면서 말이야. 그럼 난 세상에서 가장 행복하겠지.

85. 6. 18.

사랑했으므로

왜 진작 그 말을 못 했을까.

사랑하고 있으면서 사랑한다는 그 말 왜 진작 하지 못 했을까. 나는 할 말을 잃었습니다. 사랑하는 사람에게 사랑한다는 그 말을 못 했습니다. 그에게 차마 그 말을 할 수 없었습니다.

왜냐고요? 진정한 사랑은 표현하지 않아도 되는 줄 알았습니다. 내 사랑은 너무 컸기 때문입니다. 내 자존심이 허락지 않았던 이유이기도 합니다. 그러나 나는 아직도 늦지 않았음을 알았을 때, 소중한 가슴속의 사람이 떠나리라고는 전혀 생각지 못했습니다.

나는 알고 있습니다. 잊으려고 하면 오히려 잊히지 않아 더욱 괴롭다는 것을. 내가 아직도 그를 생각하고 있다는 것은 그를 그만큼 따랐기 때문이라는 것을. 이것이 떠나 버린, 잊고 싶지 않은 그에겐 죄가 되는 걸까요.

  아, 내게 죄가 있다면 그가 그리워 애태우는 슬픔입니다. 날이 새고, 무섭게 밤이 오면 나는 온통 그에 대한 생각으로 휩싸입니다. 예전에 우린 정말 행복했지요. 그 밤은 온통 우리 둘만의 시간이었으니까요. 비록 만나 본 적은 없지만 서로를 그리워하며 편지를 썼으니까요.

  지금은 우리 너무나 멀어져 있습니다. 그러나 나는 거리가 멀수록 우리들의 사랑의 양은 많아질 거라고 믿습니다. 거리가 가까우면 사랑의 양은 적어질 것이라고 믿고요. 그런데 그 많은 사랑은 어디다 소중히 감춰야 하는 겁니까. 허공에 둡니까. 우리의 마음 속 둥우리에 둡니까.

  내가 그를 생각하고 슬퍼하는 것은, 그는 내 인생 일부분에 속하는 인연으로서 기쁨과 행복을 주었기 때문입니다. 나는 여전히 그에게 죄를 짓고 있습니다. 왜 진작 사랑한다는 그 말을 못 했을까요. 저만의 잘못인가요. 그것은 분명, 그에게도 탓이 있습니다. 우리 배경에도, 세월에도 책임이 있습니다. 그리고 그와 나의 진실치 못했던 우정의 잘못입니다.

  우리는 순수한 우리들의 우정을 초월해 더 깊숙한 세계

로 들어갔기 때문입니다. 그가 우정의 담을 넘어와 사랑의 방으로 침입했기 때문에 나는 진정 두려웠습니다. 행복이 도망갈까 봐 무서웠습니다. 그래서 나는 그의 달콤한 고백을 못 본 체하고, 진작 사랑한다는 말을 못 했습니다. 어른들처럼 하는 행위가 싫었기 때문입니다. 정말 고귀한 사랑을 하고 싶었기 때문입니다.

어리기 때문에, 순수한 가슴이기 때문에, 학생이기 때문에, 나는 정작 좋아하고 있는 사람을 진작 사랑한다고 말하지 못했습니다.

85. 8. 5.

LOVE가 오다

　사흘 연속 비가 내렸다.

　천둥 번개와 함께 바람까지 불며 억세게 비를 퍼부었다. 나는 비를 맞고 걸었다. 우산을 썼지만 비 노배기를 하고 화실에 갔다. 하얀 투피스에 빗물이 튀어 난리다.

　외롭고, 허전하고, 그리웠다. 잡생각보다 오늘은 네 생각이 났다.

　오늘은 화실에서 비너스를 데생했다. 학교에서 이천까지 1시간 거리지만 하고 싶은 일이었기에 즐거웠고 설렜다.

　누군가에게 떳떳하게 서고 싶으면 무엇이든 열심히 해야 한다.

　녹초가 되어 집에 도착하니, 꼭 3달 만에 J에게서 편지가 와 있다. 뜻밖이다. 커다란 LOVE가 있다.

그가 'I LOVE YOU'라고 썼다. 편지를 나눈 지 3년 만이다.

나도 지난 7월 31일 같은 날 그에게 편지를 썼으니, 그도 오늘 내 편지를 받았을 것이다.

11월에 군대를 간다고 한다. 가슴이 철렁했다.

그가 만나자고 한다.

만나야겠다.

85. 8. 25.

환상

너는 나를 한시도 놓아주지 않는다.

나는 너의 유혹에 이끌려 네 모습을 잡는다. 밤이 오면 지칠 줄 모르는 너에 대한 상념.

나는 어찌해야 좋으냐. 괴롭고 고통스럽다.

나를 놓아다오. 내 맘속에서 너는 자꾸만 자꾸만 나를 데리고 어디 허공으로 데려간다.

내 환상 속에서 너는 우리가 꿈꾸는 나라로 나를 이끈다.

내 환상 속에서, 환상 속에서.

외기러기처럼 떨어져 있는 나는 이렇게 불안하며 고통스러운데, 너에 대한 나의 환상은 나를 자꾸 어느 세계로 이끈다.

오늘도 난, 네 곁으로 들어간다.

85. 8. 31.

사랑의 노예

생전 처음 성인 영화를 보러 경옥이와 몰래 이천 극장에 갔다.

그 일은 혼날 짓이요, 뜨끔한 일이다.

기대감과 흥분으로 몹시 가슴이 떨렸다. 제목은 「사랑의 노예」다. 영화를 보면서 여자는 함부로 사랑이라는 것에 구속되어서는 안 된다고 생각했다. 그리고 이런 정의를 내렸다.

사랑은 아무렇게나 희롱이나 쾌락이어서는 안 된다.
사랑은 함부로 짓밟혀 살아가는 게 절대 아니다.
사랑은 고결하고 거룩해야 한다.
사랑은 영원히 혼자 할 수 없다.
사랑은 책임과 의무가 따른다.

85. 9. 9.

그래도 난 빛나고 싶어

나 지금 작고 수줍어 눈에 띄지 않지만,
언젠간 빛나고 싶어.
나 아직 가진 것 없고 잘난 것 없지만,
주눅 들지 않고 빛나고 싶어.
나 비록 산골에서 넓은 세상 모르지만,
꿈이 있기에 빛나고 싶어.
훗날 내 바람대로 살지 않더라도,
나로서 당당히 빛나고 싶어.
설령 내게 세상이 암흑일지라도,
그래도 난 빛나고 싶어.

85. 11. 10. 을 추억하며

◆
epilogue - 첫눈 오는 날

사랑이 올까.

내게도 사랑이 오기나 할까.

시간은 바람처럼 지나갔고, 몇 번 계절이 바뀌었다. 그러곤 곧, 설레어 아무것도 할 수 없는 하루가 다가왔다. 수줍은 분홍빛 그리움이 내게 달려왔다.

가슴이 떨려 밤새도록 잠 못 들고 이리저리 뒤척뒤척한다. 칠흑 같은 밤하늘엔 차가운 별 몇 개만 흐릿하게 떴다. 아침이 되면 그를 만나러 간다. 한 번도 본 적 없는, 내 마음속 그를 보러 간다.

이른 아침, 창문을 여니 하얀 첫눈이 조용히 내리고 있었다. 우리의 첫 만남을 축복이라도 하듯, 동요 속 하늘나라 선녀님들이 하얀 떡가루를, 하얀 눈꽃 송이를 자꾸자꾸 뿌려 준다.

세수하고, 머리 감고, 얼굴에 스킨과 로션도 발랐다. 오늘따라 머리핀은 잘 꽂히지 않고, 옷도 매치가 안 된다. 빨간 스웨터에 청치마를 입는다. 자꾸 거울을 본다. 시간만 간다. 마음이 급해진다.

버스는 오지 않는다. 눈 때문에 늦어져 한참 후 버스가 와서 곤지암 터미널에 닿았다. 눈발이 굵어져 도로에 쌓이니 모든 차들이 정체된다. 약속 장소로 가기 위해 모란행 직행버스를 기다리는데 또 안 온다. 시간만 간다. 약속 시간 2시간이 훅 지났다. 간신히 차를 탔는데, 눈길이라 마냥 거북이다.

그가 첫 답장으로 직접 만들어 보낸 크리스마스카드의 특이한 냄새, 몇 년간 주고받았던 애틋한 편지들, 화이트데이 때 준 'I LOVE YOU'라고 써진 뿔 반지와 무지갯빛 사탕, 그리고 별, 달, 구름과 함께한 많은 그리움의 시간들이 주렁주렁 머릿속을 스친다.

약속 시각을 3시간이나 지나서야 그가 사는 서울과 우리 집 중간 지점인 모란 터미널에 도착했다. 만날 장소로 정한 표 파는 곳으로 뛰었다. 가슴이 콩닥거려 어떻게 할 수가 없다. 서로 얼굴을 알 수가 없어, 나는 증표로 **빨간 목도리**를 목에 칭칭 감았다. 그는 내가 떠서 보낸 갈색 목도리를 하고 올 것이다. 그를 찾는다. 사람들이 들붐벼 찾을 수 없다.

한 시간, 두 시간, 세 시간, 기다림에 지쳐 그냥 가 버렸구나. 이렇게 힘들게 왔는데. 그렇게 많은 시간을 그리움으로 견디어 왔는데. 보고 싶어 미쳐 버릴 것 같았는데. 외로워도 참을 수 있었는데. 그리고, 사랑했는데. 오늘이 아니면 영영 못 만날지도 모르는데.

내일 군대 간다며 그가 만나자고 했다. 군대에 가면 어떻게 될지 몰라서였다. 나도 그를 더 이상 기다릴 수 없을지도 모른다. 그리움과 기다림에 지칠 대로 지친 몇 년이었다.

친구들의 성화로 가요 책 펜팔난에서 알게 돼, 우린 일주일에 한 번, 아니면 한 달에 두세 번 편지를 주고받았다. 시골과 도시라는 서로 다른 세계에의 동경을, 청춘의 꿈과 고민을, 때로는 그리움으로 파도치는 감정을 교류했다. 그때 나는 16살 순진한 산골 중학생이었고, 그는 18살 서울 고등학생이었다. 그러곤 어느새 나는 고3이 되었고, 그는 대학교 2학년이 되었다.

나는 꼼짝 않고 오래도록 서 있었다.

'그냥 가 버리면 안 돼. 꼭 만나야 돼.'

얼마의 시간이 흐르자, 누군가가 내 어깨를 툭 친다. 그다! 그가 하얗게 웃으며 서 있었다. 마치 하얀 눈처럼, 사월의 목련나무처럼 그렇게 서 있었다. 언제나 내 마음속에서만 자리했던 그가 청바지에 갈색 스웨터 차림으로 내 눈앞에 우뚝 서 있는 것이다.

우리는 길을 걸었다. 서로 어색해 머뭇거리며 길을 걸었다. 바람이 불 때마다 그에게서 풋풋하고도 상큼한 냄새가 몰려왔다. 아, 바라만 봐도 좋은 사람. 무조건 웃음이 나오게 하는 사람. 사정없이 황홀하게 하는 사람. 거리엔 아직도 하얀 눈발이 안개꽃처럼 날리고 있었다. 그에게도, 나에게도 하얀 안개꽃이 떨어졌다.

한참을 걷다가 우린 어느 허름한 카페에 들어갔다. 카페엔 크리스마스트리가 반짝거렸고 캐럴이 울려 퍼지고 있었다. 우린 서로 마주 보고 얌전히 커피를 마셨다. 처음 와 본 카페에서 처음 마셔 보는 커피. 쓰다. 그가 설탕을 넣어 준다. 그가 갈색 목도리를 해서인지 커피와 닮았다.

그가 나를 쳐다본다. 쑥스럽다. 눈을 어디다 두어야 할지 모르겠다. 우리는 많은 말을 하지 않고 쳐다만 봤다. 한참을 웃음 띤 얼굴로 쳐다만 봤다. 함께 있다는 것만으로도 만족했다.

어둑해질 무렵, 그가 나를 바래다주고 싶다며 곤지암행 버스에 올라탔다. 내가 다니는 학교에 가잔다. 그와 난 앙상한 겨울나무가 즐비한 교정을 또 걸었다. 그의 기다랗고 하얀 손이 내 손을 잡았다. 가만히 있었다. 온기가 전해진다. 한편으론 꽃 같고, 꿈같은 이 시간이 처음이자 마지막일지 모른다는 생각에 가슴이 시렸다.

"나, 내일 군대 가. 기다려 줄 수 있어?"

"……."

첫눈에 반한 그의 이름, 그의 편지, 그의 선물, 그의 음성, 그의 눈빛, 그의 분위기, 그의 모든 것. 언제나 마음이 외로웠던 난, 그런 그를 사랑하지 않을 수 없었다. 나무, 돌, 꽃, 새들만이 마음의 비밀을 알아주던 내게, 다정다감하게 내 마음 읽어 주고 귀 기울여 준 그를 결코 잊을 수 없다.

첫눈 내리는 날엔, 내 첫사랑 그가 하얀 눈에 살포시 포개진다.

군사 우편 찍힌 그의 첫 편지엔 이렇게 쓰여 있었다.

"보고 싶어. 보고 싶어 죽겠어."

그날의 기억을 토대로 쓴 「첫눈 오는 날」. 10년 전 일간지에 발표한 글로 이해를 돕고자 이곳에 옮긴다.

어찌해서 멋을 알게 되고, 이성을 그리게 되는 나이가 되었을 때 선생님이 해 준 말이 떠오른다. "짝사랑은 시간이 안 들고, 돈이 안 들고, 마음에 드는 대상자를 마음껏 고를 수 있다." 그때 나의 짝사랑들에 대한 해명이다.

나는 일기장에 끄적거리는 시간이 좋았고, 행복했다. 15권의 일기장을 이렇게 1권의 책으로 엮고, 다시 그 일기장들을 펼치니 여기에 싣지 못한 아까운 글들이 눈에 띈다.

일기장을 정리하는 데 20일이 걸렸다. 한참 읽고 고르고 한글 파일에 글을 옮긴 시간이다. 보물을 선물받은 기분이다. 글 1편을 쓰려면 며칠, 몇 달, 몇 년이 걸리기도 하는데, 빠르고 쉽게 책 한 권 분량의 글을 건졌으니 말이다.

83개의 글을 정리하면서 즐거웠다. 비록 미래에 대한 불안, 고민, 방황으로 힘든 시기를 반추해 보는 시간이었지만 감사했다. 어떤 땐 하루에 몇 페이지씩, 어떤 땐 건너뛰기도 했지만, 거의 매일 뭔가를 일기장에 끄적댔다. 부치고 싶어도 부칠 곳 없는 장문의 편지들이 튀어나올 땐 가슴이 시렸다.

사실은 16권의 일기장을 썼는데, 그중 1권은 고3 때 모든 것을 정리하는 마음으로 3년간 펜팔 했던 사람에게 보냈다. 그래서 그때 글이 많지 않고, 대입 학력고사 준비로 시간이 많지도 않았다.

표지와 속지 그림은 17살의 일기장에서 4장을, 18살의 일기장에서 1장을 넣었다.

내 삶을 쓰는 일기는 그날그날의 생을 흐트러지지 않게 정리하게 하고, 힘겨울 땐 위안이 되고, 자신을 돌아보게 하며, 미래를 꿈꾸게 하는 생각 저장소다. 훗날 고스란히 그 시간을 찾아가는 마음의 고향이다. 하루하루를 성실하고 진실하게 살아가게 하는 지침서다.

일기를 쓰지 않았다면 행방불명된 내 청춘의 시간을 어디서 찾을까.

20살부터 30살까지 쓴 일기장도 18권 있다. 산골 소녀가 숙녀가 되어 세상과 충돌하며 살아가는 일상과 감정을 다룬 글들로, 언제든 20대로 돌아가고 싶을 땐 그 일기장을 펼쳐 추억을 더듬는다.

일기장 속에서 나는 언제나 주인공이었다. 작가였고, 화가였고, 몽상가였으며, 방랑자였고, 짝사랑에 빠진 사람이었다. 그리고 마침내 나는 일기장 속 꿈처럼 성장했으며 바라던 것들은 마법이 되었다.